下册 赏评篇

IBDP

中文A文学课程
短篇评论写作30课

Chinese A Literature Course
Commentary Writing Skills and Practice (II)

董宁 编著

简体版

前言

《IBDP 中文 A 文学课程短篇评论写作 30 课》专为中学生文学作品短篇评论写作的学习而编写。本书的内容设计依循了 IBDP 中文 A 文学课程试卷一的写作要求与评估规则，以使教学目标更加具体明确，教学步骤更加条理有序，教学的实践演练更加有针对性。

本书分为上、下两册。上册研习篇包括导引和四章内容，共 30 课。导引部分启发学生如何从知识论的角度来认识作品评论写作。其余四章分别对应大纲的四项评分标准，全方位引导训练学生，包括如何理解和诠释文本的思想与情感；如何针对作者选用的文学惯例、手法技巧进行赏析；如何在写作中组织架构自己的评论文章；如何善用语言文字，准确、优美地表达自己的思想。本书在讲解指导的同时，注重提供充分的练习机会，旨在以讲解和实践相结合的方式让学生在探索文学赏评的过程中增强理解诠释能力，构建批判思维意识，提高评论写作水平。

上册每篇课文的选讲与习题编排以训练培养能力为目的。为了帮助考生准确理解诗歌、散文和小说等文体的特征，针对具体作品作出准确的赏评论述，本书设计了“术语”版块，使用者可以结合《IBDP 中文 A 课程文学术语手册》掌握相关文学术语，并在自己理解的基础上准确灵活地使用。如此，考生的赏析评论水平必将大大提高。

下册赏评篇由 20 篇经典名作（含 IBDP 试卷一考卷作品）的导读与赏评文章构成，包括 8 篇小说赏评样文、6 篇散文赏评样文和 6 篇诗歌赏评样文。这些样文为本课程的使用者量身定制，弥补了眼下适合中学生阅读的文学评论文章不足之现实，满足了学习者阅读参考的实际需要。20 篇样文从不同视角为考生提供了赏评的思路，剖析了作品深刻的内蕴，展示了评论文章的文理，示范了语言文辞的效应。样文旨在启发和激励学生踊跃积极地写作评论文章，在实践中提高评论写作的水平。

此外，本书设有附录部分，附有常用古代诗词名句、成语、熟语、文学术语、关联词，以及推荐阅读书目，以方便学习者选用。

总体来说，本书具有以下特点：

- 紧跟大纲，直应考试要求。
- 取材全面，讲练紧密结合。
- 随文点拨，方便师生用学。
- 精选范文，提供赏评范例。
- 适用面广，内容选择灵活。

使用说明

评论写作的教学过程是一个思维训练的过程。赏析和评论文学作品，不仅是理解文学作品思想情感的一种有效方式，更是学习如何分析判断、怎样有逻辑有条理地表达个人观点的有效途径。高效的评论写作教学，离不开教师的精准讲解，更依赖学生积极参与的演练实践。基于上述理念，本书上册的内容包括三个大的部分：

- 要点精讲：针对本部分的学习要点作出精当、明确的讲解。
- 研习切磋：以选用课文为学习对象，以各种思考题目、教学活动为引导，在课堂上给学生提供思考、判断、表达的机会，使学生在逐步练习的过程中熟悉赏评思路，提高文学赏评的素养及能力。
- 读写演练：以课堂的重点学习为基础，方便学生根据所附同类文本按照自己的进度与需要进行课后读写演练，达到巩固知识、掌握方法、养成习惯的目的。

需要特别注意的是：

- 本书讲解的课文选自现当代著名文学家的经典作品，其中有许多曾被作为 IBDP 中文 A 文学评论写作的考卷。考虑到篇幅所限，本书未提供课文全文，但注明了课文出处。为了方便使用者快速便利地查找课文，本书专设网络支援链接。使用者扫描下方二维码或访问下方网址，不但可找到相应的文章篇目，还可以下载收听所有课文的朗读录音。这样的方式更加适合当今中学生的课堂及课外学习。

chinesemadeeasy.com/download/ibdpa1cw

- 上册每一课后都附有读写演练题目。这些练习把阅读、思考、写作结合在一起，认真演练可促进使用者的阅读水平与写作能力同步并进。
- 下册的导读赏评文章专为学习者的课堂学习与课外演练而附设，帮助考生加深对课文的赏析和理解，并观摩领悟评论写作的要领。教师和学生可以根据需要在每一课的讲解演练中灵活使用这部分内容。

本书可以作为 IBDP 中文 A 文学课程的教材使用，也特别适合所有准备学习 IBDP 中文 A 文学课程的师生使用。教师和学生可以根据自己的实际需要安排学习时间，完成相应的学习。

鸣谢

衷心感谢香港三联书店总编辑侯明女士的鼓励和支持，感谢编辑尚小萌、郭杨耐心诚恳的专业帮助。感谢她们付出了大量的时间、心血才使这本书得以顺利出版。

目录

上册　研习篇

下册　赏评篇

第一章 小说赏评样文

第 1 篇
“墙上门”与“瓶中花”

“墙上门”与“瓶中花”

——浅析邵宝健的小小说《永远的门》

优秀的短篇小说总是简约凝练而又寓意深刻，形象生动而又内涵丰富，邵宝健的短篇小说《永远的门》就具有这样的特色。作者讲述了在江南古镇的小四合院里一个本该美满却无比遗憾的爱情故事，刻画了一对内心深爱却行动怯懦的中年男女主人公的形象，揭示了当代社会中人们的生存环境、人际关系等社会问题，引发了读者的关注与思考。

小说开篇的环境描写揭示了日常生活环境对人物行为的影响。“古镇”“古井”“古老的平屋”，古，即“古老”，古老的居住环境、古老的观念、古老的行为方式，寥寥数语的描写，暗示出传统的存在依然左右着人们的生活。虽然已经出现了一些“现代化的摆设”，但是总的“格局多年未变”，人们的思想感情、思维方式所形成的陈旧定势尚未得到改变。“普通的小杂院”的聚居地，“普通人家”的界定，则暗示了小说主人公郑若奎、潘雪娥代表了大多数的一般百姓，具有广泛的普遍性。作者正是通过这些描写，揭示出在一个特定的时代和社会环境中，人们的行为仍然受到束缚和影响，人们的心灵依然被压抑和禁锢，情感的大门尚没有被打开，个人欲望无法自由地表露。

《永远的门》以“门”为题，选用了一些典型的意象，令作品具有了深刻的象征寓意。门，是一个通道，它被男主人公涂上了紫红的颜色，装上了黄铜的拉手，画在墙上逼真而又精美。这个意象饱含了内心孤寂的主人公郑若奎渴望跨越障碍，敞开心扉和所爱的人相互交流沟通的美好愿望。门的精心设计，门的鲜艳色彩，暗喻了这种愿望是如此强烈。可是，无论多么精美，这扇画在墙上的“永远的门”，是一扇“永远”都打不开的门。它象征了人物心灵的通道无法开启，美好愿望无法实现的现实。透明的蓝色花瓶在作品中多次出现，也是一个重要的意象。花儿芬芳鲜艳，象征着主人公的情感生动美丽；花瓶纤尘不染，蓝得透明，象征着彼此情感的真挚高雅。男主角死后，画师在整理遗物时发现花瓶被人擦拭过，瓶中的菊花盛开。这一细节透露出女主人漠然外表掩盖下的深情爱意，凸显了“瓶中之花”的象征寓意。再美的花，盛放在没有水的瓶中怎能结出果实？！这个意象和“墙上的门”一样，隐喻了两个人最终无疾而终的爱情。

作品着重刻画了男女主人公的形象，采用了人物的外貌动作描写来外化人物内心的情感，突出人物的性格特点。潘雪娥是一个外表时髦的女性，“衣饰素雅又时髦”，她的穿着“时髦”，但是内心却并不“前卫”，对自己的意中人她连一句明确的话都不敢讲，更不要说采取有效的行动了。她冷漠、呆板、自我封闭，有情感却不表露，只有表面的美丽与优雅，没有内心的激情和冲动。另一个人物老郑，懂艺术、爱生活、认真工作，“那大大的眼睛，总烁着年轻的光，烁着他的渴望”，内心有着强烈的情感和愿望，但也是想法多行动少，只有向往与追求，没有勇气和行动。他对于爱情的追求只是停留在“心爱花瓶，如心肝一般的爱惜，洗净、透明、斟上明净的井水，极小心的捧回屋子”的层面，独处的时候在卧室里一人高的书架背后，用心地画上一道门。“墙上门”“瓶中花”，有其形而无其实，中看而不中用。五年了，两个内心深深相爱的中年男女有很多机会，只要花一点心思就可以接近对方，最终却在单调的客套中消耗了自己的幸福，在长达数年的隔墙而居中安分守己，唯一的举动就是在墙上画一扇精美的门，在家里摆上一瓶精美的花，直到生命消失。这不仅是遗憾，简直就是讽刺！作者采用了许多外在的语言动作描写展示出人物的特点：他们都渴望爱，被对方所深深吸引，都有心灵相互沟通与交流的向往，但是却都没有冲破心灵束缚的决心和有效行动。于是，一对相爱的人、一段相当的爱情，只落得一个悲剧结局。

两位主人公是两个肉体年轻却心灵苍老的人，是两个情感丰富却行动怯懦的人，这就是这个时代和生活中最普通和普遍的“正常”人。他们的爱情悲剧不只是个人的悲剧，更是人物所置身的社会的悲剧。阅读至此，读者可以从作者对人物的同情与叹息声中感受到作者对社会中禁锢人们心灵现象的揭露与控诉。

作者还刻画了一群旁观者的形象，从旁观者的角度和态度的变化来展现这个故事的深层含义。一开始，面对这对男女，“同院的邻居们，曾是那么热切地盼望着”，这是一种多么常见的善良祝愿；当得知郑突然死亡时，同院的邻居们深切同情，无限惋惜。人们对于失意者总是特别宽容和同情。但是当他们发现了卧室里面那扇门，联想到两个人可能真的相爱交往过时，态度就一下子从鼓励、同情、惋惜变成了鄙夷、愤怒、指责。这真是小说画龙点睛的一笔，具有戏剧性的讽刺意味。作者以此让我们看清楚了大多数人的真实面目：社会的进步表面上已经让人们对个人的情爱生活有了相当的理解，但其实并没有允许人们真正地宽容和接受，传统的道德观念仍然是人们评价指责他人的尺度。在这样的环境下，男女主人公是不可能自由行动争取个人幸福的。可见，小院邻居对郑、潘二人的感情变化成为了推动小说情节发展的线索。从开始的热切盼望，到遗憾同情，再到为郑、潘二人暗中“私通”而倍感愤懑，小说的高潮就出现在那扇紫红色精巧的门打开之时，期待、唏嘘、敬佩，心情五味杂陈的邻居们的情感发生了剧变，“几天前对于这位单身汉的哀情和敬意，顿时化为乌有，变成一种不能言状甚至不能言明的愤懑。”而当人们去拉开这扇门的时候，才发现这不过是一扇画在墙上的门！再次的意料之外，仍在情理之中。短短篇幅，伏笔铺陈，情节起伏，一波三折，作品深刻的主题得以揭示。

这是一个爱情故事。爱情本来是最具激情和活力的情感力量，最能激发人的热情和勇气。古往今来，为了爱情铤而走险、奋不顾身的故事比比皆是，无论悲剧或喜剧都显示出冲破现实束缚的力量，都鼓舞着人们挣脱规范、教条和禁锢。人生与爱都是需要激情的，没有激情的爱，没有激情的人生，只能是瓶中的花、墙上的画。一个没有激情、没有勇气的社会只能是没有希望的社会。

小说平静的叙述语言和深刻的内涵意蕴形成了强烈的反差，让读者从平常的故事中领悟到了犀利的讽刺批判，让人禁不住遐想和反思。小说中的人们生活在无波无澜的平静中，死亡也发生在普普通通的意外中，一切都普通得不能再普通。“普通”一词被反复使用：最为普通的场景，普通的花店员工，普通的电影院美工……一切都平淡无奇，一切都不经意地展开。故事没有波澜壮阔的背景，没有跌宕起伏的情节，两个爱情主角的剧情全在这最不起眼的小院子的日常起居中上演、落幕，他们每一次见面只是乏味地寒暄一下，连郑若奎的死也是“静静地走了”，格外平淡。这真是一个平平淡淡的爱情悲剧。然而，小说的深刻与悲哀就在于此。表面上看，这样的悲剧结局是当事人的过错，他们怯懦、保守、安于现状、固步自封、作茧自缚，给自己的心灵安上了一道门，使摆在面前的幸福悄然逝去。剖析内里，才会看到这是一幕心灵被禁锢、情感被扼杀的社会悲剧。任何个人都是社会历史的产物，主人公对爱情渴望又畏惧的矛盾性格以及被传统观念所桎梏的行为，都是特定的社会物质、精神生活环境所决定的，所以这个悲剧与人物的个性有关，却是时代社会造成的。

作品揭示了在社会已经迈向开放自由的现代化的今天，旧有的思想意识和道德观念依然束缚着人们的心灵，限制着人们的行为。“哀莫大于心死”，两个有情人最终没有结成眷属，不是因为封建社会的压迫，而是现代人的处境使然。因此，这个结局就更令人感到悲哀。读者不禁要问，是什么造成了这样的结局？人们如何才能走出这样的困境？这就是这篇小说的现实意义。它促使读者思考：人到底应该如何活着？一个社会如何才能唤起普通人生活的激情与勇气？

第一章 小说赏评样文

第 2 篇

珍藏过去，积极向前

珍藏过去，积极向前

——浅析王奎山的小说《红绣鞋》

王奎山的小说《红绣鞋》讲述了一个发生在当代社会中平常人家普通百姓间的动人故事。哪个时代都有为了国家利益而牺牲的军人，哪个时代都需要人与人之间的关爱。小说聚焦在捐躯军人的未婚妻就要和别人举行婚礼的那一天里发生的事情，渲染了人物悲伤与欢喜错综交加的情感，塑造了善良美好的人物形象，歌颂了当代社会军民一家、鱼水情深的真挚情义，揭示出了人性的善良与美好。

小说的题目点明了“红绣鞋”在作品中的重要作用。这种以标题为核心物引领情节发展、突出主题的小说创作惯用法，以传统小说最为普遍，在当代小小说中也屡见不鲜，《红绣鞋》便是一例。这种标题如“照亮读者眼睛的灯笼”一般，起到了引人注目、突出焦点的作用。“红绣鞋”是中国传统婚礼上新娘子的婚鞋，具有特定的喜庆寓意，新人穿新鞋、走新路、开始新的生活，有着弃旧迎新的象征意义。小说中“红绣鞋”成为了塑造人物、关联情节、揭示主题的焦点。

小说篇幅虽短，却设置了不少悬念。小说一开始营造了一种欲言又止、令人困惑的气氛，造成了由始至终的悬念，吸引了读者的关注。让读者迷惑的是，今天到底是什么日子？为什么作者一再暗示“今天”和麦苗的关系？为什么七婶要躲开这一天？

围绕着“红绣鞋”，小说用极简的笔墨勾勒出三个人物形象：新娘子麦苗、她过去的爱人“贵”、“贵”的妈妈七婶。小说人物的出场是由一个带出另外一个：从七婶引出了第二个人物麦苗，通过麦苗，再引出了第三个人物“贵”。麦苗对七婶的称呼为什么从“婶”改为“娘”？她们之间是什么关系？“贵”是什么人？他和其他的人物是什么关系？这些悬念环环相扣，一系列的细节描写渐渐展示了三个人物的关系，塑造了三个人物形象：“贵”是一名军人，他为了百姓和国家牺牲了自己的生命，是一个高尚的英雄；“贵”的母亲七婶是一个普通百姓，也一个善良、伟大的母亲。独生儿子在前线牺牲，儿子昔日的未婚妻就要和别人结婚。在本该属于儿子婚礼的日子，她触景伤情，忍不住悲叹“怨俺贵没福”，痛苦不已。但她却通情达理，体谅、关心麦苗，含着眼泪祝福她。麦苗失去了“贵”，对七婶没有血缘之亲，但又始终保持了孝敬之心。结婚的当天还一如既往来照顾七婶，替她做饭、打扫。这源于自己对昔日爱人“贵”的热爱，也出自晚辈对英雄母亲的敬重、对老一辈的关爱。她的言行举止显示出昔日的爱人“贵”已经成了她生活中不可缺少的部分，过去和将来都是如此。在举行婚礼的同时，她特意把“红绣鞋”献给了“贵”，凸显了多情重义的女性形象。小说中的重要的人物“贵”并没有直接现身，而是隐藏在一些细节的描写中，如“麦苗没有去‘西间’或‘贵住的房间’”。这种草蛇灰线、时隐时现的描写看似无关紧要，其实举足轻重。“贵”这个人物是麦苗和七婶之间的桥梁。小说中对“贵”的侧面描写突出了七婶和麦苗两人之间的关系，也刻画了两个人物的性格。“贵”的离去，加强了麦苗和七婶不是亲人、胜似亲人的亲情连系，在麦苗出嫁的当天，她和七婶的关系由“婆媳”转为母女。麦苗对七婶承诺“过了三天我回来看你”，把七婶当成自己的母亲，婚后三天回娘家看望。行文至此，前面所有的悬念方才解开。

小说聚焦在婚礼即将举行的时刻，字里行间回旋着的声响渲染了特定的气氛，激发着特定场景中人物复杂而又微妙的情感：室内麦苗和七婶两人沉浸在“哀哀地哭”的悲伤氛围中，室外传来越来越“欢快的音乐声”，结婚的喜庆和生离死别的悲哀交织在一起，“音乐声和鞭炮声越来越近，越来越响”；麦苗和七婶分手的时刻越来越近，悲伤和不舍之情越来越浓，直到“音乐声和鞭炮声铺天盖地地压过来”，情节奔向最高潮。欢乐与悲伤，别旧与迎新，这样交错纠结的时刻往往最能表现出人物真实的情感，表现出最美好的人性。小说此处的描写突出了当事人美好的情操，歌颂了人物美好的心灵，堪称小说中最精彩之笔！

“红绣鞋”是小说的题目，但“红绣鞋”出现时，小说已近尾声。小说结局以“红绣鞋”点睛。七婶看到马上就要出嫁的麦苗把自己的鞋子遗留在为国捐躯的儿子“贵”的遗像前，“那是一双新鞋。一双红绣鞋。”这双鞋，象征着麦苗对“贵”不变的情感，也象征着人们永远不会忘记那些为了国家的利益而牺牲个人的英雄们。读者也可由此感受到在我们的社会里那些看似平凡的人们有着崇高的品格和美好的人性。军民一家，兴国齐家。作品展示了一种现代人坦荡、积极、不断向前的生活态度，歌颂了普通百姓善良美好的心灵。

第一章 小说赏评样文

第3篇
一出幽默讽刺的轻喜剧

一出幽默讽刺的轻喜剧

——评刘建超的小说《朋友，你在哪儿》

轻喜剧的“轻”有一些“清淡”的意思。轻喜剧，指的是那些具有喜剧元素、但喜剧味道不是非常浓重的作品。轻喜剧和喜剧一样，运用一些荒谬的情节和夸张的角色造成一种幽默、讽刺的喜剧效果。这样的作品多取材于人们熟悉的日常生活，针对一些司空见惯的社会现象，运用夸张的手法进行善意的讽刺，引发读者的深思与反省。和喜剧相比，轻喜剧的角色不像喜剧中的角色那样严重变形或扭曲。他们身上有缺点，但这些缺点说不上丑陋不堪；他们有很可笑的一面，但他们并不是坏人；有时候因为这些缺点，他们还可能遭遇不幸，所以往往既可笑也令人同情。轻喜剧的角色大多是一些普通人，在他们的身上读者能看到很多人的影子，甚至也能看到自己的影子。所以，人们在嘲笑他们的时候，往往也会联想到自己。在轻松地嘲笑作品人物的同时，读者也会体验到发人深省的沉重。

刘建超的《朋友，你在哪儿》就是一篇具有轻喜剧特色的小小说。小说描写了一个发生在当代社会中司空见惯的故事，刻画了普通的小人物形象。两个素不相识的业余作者在一个笔会上偶然相遇，其中一个叫贾兴的热情如火，对“我”——老刘表示了不同寻常的朋友情谊，和“我”形影不离。分手时，贾兴力邀老刘去他所在的城市相会。老刘本不想，但又觉得其情难却、不好拒绝，就勉强为之一次，不料却引出了意想不到的结局。《朋友，你在哪儿》的情节以聚合开始，以分离结束。故事在结尾时达到了高潮，揭示出了作品的主题。作者从友情的问题入手，借朋友之间交流往来的凡人小事揭示出社会上复杂、虚伪的人际关系，以幽默讽刺的手法反映出社会中人与人之间相互应付、夸夸其谈、缺乏真诚、虚假不实的现象，使读者思考当今社会的人际关系及造成这种现象的根源。

小说使用了夸张的手法来塑造贾兴这个具有喜剧色彩的人物形象。他的动作夸张，“一听到我的名字，就如一辆笨重的坦克向我扑来。”贾兴初一见面就扑上来，简直不合常情，如坦克一样笨重，实在有点过分。“我被他粗壮的双臂箍得紧紧的，他那些生猛海鲜般的胡茬子脸还贴在了我的腮帮子上”，让“我”简直有躲避不及的恐惧。他的言语夸张，对一个从未谋面的人连用三个成语，不遗余力地表示恭维：“老刘啊，你好啊！久闻大名、心仪已久、一见如故啊，老朋友”，让人不得不怀疑他的虚情假意。贾兴的行为很夸张，见面过后，他时时刻刻跟在“我”身边，剥夺了“我”的隐私和行动的自由。贾兴的表情更是夸张，笔会结束后，他对“我”难舍难分，居然因为散会分手这样的平常小事而“眼圈发红”，简直有点逢场作戏的感觉。作品在突出贾兴性格特点的同时也增添了幽默的喜剧色彩。

贾兴的性格是自相矛盾、时有冲突的。他的内心和外表相互矛盾，看似淳朴热情、大方豪爽，实际上虚伪不实、自私自利；他的言语与行动不一，说一套，做一套，嘴边不停地挂着“朋友”，心中却丝毫不讲友情。作者采用了前后对比的手法，形象、生动地展现出了这种矛盾。开始时他热情、重情义，异乎寻常地诚恳好客，重视友情，重视朋友。他多次主动打电话，邀请老刘来他所在的城市，“你一定来啊，不然我可跟你急！”本来不想和他亲近的老刘也被感动了。当老刘终于有了机会到滨海出差时，就决定和贾兴见面叙叙朋友之情。贾兴一听，就变成了“叶公好龙”里的叶公，露出了真面目。小说最精彩的地方就是让这个人物来了一个前后对比表演，前面表现得越是真诚，后面的虚伪就越是明显，作品的讽刺意味由此而生。

小说通过精彩的细节描写展现了贾兴为了躲避老刘的来访自己编造谎言又自己揭穿谎言的过程，淋漓尽致地表现了人物言过其实、夸夸其谈、满口谎言、不在乎、不诚实的性格特点。作品描写了几个打电话的场景，一开始得知老刘到访，贾兴随口撒谎欺骗老刘说他不在本市：“电话里的贾兴迟疑了一下：‘咳，朋友，太不巧了，我刚好出差在外地。’”接着，贾兴得知“我”要在星期二离开后，热情地邀“我”在星期三聚餐。当“我”真的告诉贾兴要留下来时，电话里的贾兴声调又低了：“啊？啊，那好那好。一个小时之后，我们不见不散啊。”最后，当见不到老刘时他“真的急了”。读者仿佛看到了他打电话时的表情神态，听到了忽而“迟疑”、忽而“热情”、忽而“声调又低了”“急了”的语气语调，感受到他尴尬忐忑的内心情绪。贾兴像小丑一样在电话机前尽情地表演，真是惟妙惟肖，达到了令人忍俊不禁的喜剧效果。

“我”的心理变化是小说的一条主线。小说选择的视角恰到好处。作者在对贾兴的动作、语言、神态、心理活动进行生动刻画的同时，对老刘的心理、情感的变化进行了精彩细致的描述。小说中两个人物差距很大，一出场就形成了“冷与热”“主动与被动”

的对比。老刘一开始对贾兴超乎正常的热情举动感到别扭不适，勉强被动接受贾兴的举止行为；本来对贾兴的"朋友"交往方式不以为然，渐渐地接受了现实，承认和接受了朋友关系，开始和贾兴认真交往。两人的交往中，老刘对贾兴有了由表及里的了解过程，从游戏态度，经过开玩笑，到后来渐渐看清了问题的真相，感到失落和悲哀。这引起了贾兴对"友情"问题的深入思考。两个人物从见面到分手的过程是一个人物自我暴露的过程，也是另一个人物认清彼此的过程。作者让读者随着老刘经历了一个对"友情"问题和社会现象的观察、了解与思考的过程，也经历了一个认识的变化过程。

小说的叙述语言形象生动，使作品妙趣横生，引人入胜。描写动作"整个一个圆"比喻形象，"一辆笨重的坦克车"色彩鲜明。这样的语言活灵活现地刻画出贾兴粗俗、生硬、没有教养和礼貌、为人随便、不为别人着想的特点。写"我"被贾兴搂着，"从后背到屁股根儿都觉得发麻，身上起鸡皮疙瘩"，夸张而又真实，准确而又幽默，让人情不自禁地笑出声来。小说的人物语言生活化、口语化，传神精妙，恰到好处。"当贾兴说'朋友，有机会来玩啊。'我也打着哈哈说，一定一定。""哈哈"一词将"我"对贾兴敷衍的心态表露无遗，鲜明地突出了老刘满不在乎、并不真诚的形象。此外，叠词、象声词的运用恰到好处，"痛痛快快""热热闹闹""嘻嘻哈哈""咋咋呼呼"写出了声色情景。谐音、双关语的运用蕴含深刻，贾兴的名字正是"假惺惺"的谐音，表现出了作者对人物的态度。文章的标题"朋友，你在哪儿"这个问句在小说中出现了三次，通过小说人物在不同的时间和地点的发问，一层层揭示出作品的深刻涵义，起到了画龙点睛的作用。作品启发读者思考：在我们的社会中，真正的朋友究竟在哪里？

小说夸张但不失真，幽默搞笑又暗含讥讽，语调轻松，内涵深沉。作品讽刺、嘲笑了人与人之间逢场作戏、缺乏真诚的社会现象，批判了一些人利用朋友关系满足个人利益的行径。作品中的人物互相敷衍，对承诺"不当一回事"。"笔会上热热闹闹嘻嘻哈哈，过后新鲜劲儿也就风吹云散，谁也不会把几天笔会上承诺的事太当真"，人与人之间缺乏真诚，态度随便。贾兴极力夸耀和渲染他和老刘之间所谓的"友情"，只是希望利用这种关系得到利益好处，根本不想为对方付出什么。"朋友"这种关系中应有的信任、互助的观念和中国人传统的"重义轻利"的观念完全被异化扭曲了。小说将时下这种表里不一、虚伪不实、夸夸其谈的社会现象和行为做了艺术的展现，让读者有了清醒的认识，并在笑声中思考。这正是喜剧的力量。

小说使用了第一人称的叙事方法，叙述者就是故事中的"我"。小说通过"我"的眼睛，非常自然地把人物和情景展现在读者的面前。"我"老刘和贾兴之间发生的一切，都由"我"的眼睛过滤和加工，在"我"看的同时展现给了读者，读者随着"我"进入故事，真切地体验和经历视角人物的一切所思所想。最后，作者并没有把一切问题都讲清楚，也没有明白告诉读者谁好谁坏，读者可以根据自己的分析判断得出结论。

小说的结局留下了疑点和悬念：是不是我错怪了贾兴？这种含糊不清、歧义丛生的结尾无疑增添了小说的阅读趣味，其高妙之处就是作者利用第一人称视角的局限，故意留存疑点，给读者提供了更加广阔的参与、想象、思考的空间。小说因此有了更强的“现代味”和吸引力。

第一章 小说赏评样文

第4篇

期盼春回大地，情暖人心

期盼春回大地，情暖人心

——浅谈毕淑敏小说《翻浆》的寓意

毕淑敏的《翻浆》是一篇反映当代社会人际关系的短篇小说。小说以“翻浆”为名，借用道路因冰消雪化而泥浆翻腾、崎岖不平，来象征社会的动荡险恶造成的人与人互不信任的关系，揭示了作品深刻的主题。作者娴熟地运用了各种小说的手法技巧，人物对比鲜明，情节悬念丛生，描写精彩，寓意深刻，令读者读之喜之，忍不住拍掌叫绝。

《翻浆》讲述了“我”搭乘一位当地司机的车从西藏回内地探亲，旅途中遇到一位要求搭车的南方知青的故事。“我”涉世不深，看见“他看着挺可怜的”，便作主让他坐上了车，并且还有“做完善事后的兴奋的”感觉。可是，阅历丰富的司机不同意我的做法，面对搭车人的苦苦哀求，他态度坚决，出口不逊，表示出极端的不信任，还给“我”讲了一个司机师傅因为好心搭载，被搭车人杀害的事件。之后“我”又怕又悔，“偷看搭车人时，我的喉咙咕噜咕噜响，因为不敢大声嚷嚷，只得把声响碾碎，挤进筋脉，脖子就粗起来。”“我”紧张的心情增添了故事扣动人心的悬念气氛。“我”先入为主把搭车人看成了一个坏人，一个偷东西的贼。司机不断地教育“我”，提醒“我”，让“我”彻底改变了想法，确信搭车人在偷“我”的东西。三个人物，两个阵营，搭车人被误会为偷窃，“我”和司机一起对他进行“正义”的惩罚。在作者笔下，司机也不乏善良的本质和是非正义感，他为了“我”而不顾生命危险，“在这样的路况下开快车简直就是自杀”的情况下，把车开得像一匹“被刀横刺了的烈马”来阻止青年“偷东西跳车”。“我连大气也不敢出”，而“……那个大厢板上的男人，在这突如其来的急刹车面前，几乎被卸成零件。”作者将比喻、夸张、对比、多角度多感官的修辞描写手法有机地结合在一起，再现了逼真生动、活灵活现的情景，刻画了鲜明的人物形象。

小说中比比皆是的逼真细节增加了情节的真实感与感染力。搭车人“浑身是土”，“他穿着一件尿碱黄色的旧大衣，拎着一个生姜黄色的破袋子，袋口绑着一缕骆驼黄色的绳头"。他回答司机的训斥"我不是找死。我是找活。我要搭车。我得回家。"表现了他的忠厚老实、诚恳实在。司机疯狂地驾驶货车，"我""双腿紧紧抵地，双腕死撑面前的铁板，整个身体绷得如原始森林里最古老最强韧的硬木……"搭车人"仆倒在地，像一团被人践踏的麦草，虚弱但仍不失张牙舞爪的姿势，贪婪地护卫着我的提包——他的猎物"。"那个男人艰难地在轮胎缝里爬，不时还用手抹一下脸，把一种我看不清颜色的液体弹开……他把我的提包紧紧地抱在怀里，往手上哈着气，摆弄着拉锁上的提梁。"这些描写凸显出搭车人的生活处境和他的人格品性。他饱受命运的践踏，在别人看来像是一团麦草一样轻贱，但是他却没有对生活失去信心。他守护一个包裹，就像守护一种责任。贴切新奇的夸张比喻，塑造了搭车人不怕困难、与命运顽强抗争的形象。淳朴、善良的搭车人忍受寒冷颠簸，在艰难和危险的处境下不顾自己的生命危险，忍受疼痛帮助别人，一丝不苟，无怨无悔。结尾时，他由于一路上受冻受伤，已经人不成样、语不成声，却由衷地感谢司机，"'学学你们把车开得这样快，我知道你们是为我在赶路，怕我的小女儿喝不上米汤，现在到天亮前，我赶得到家了……学学……'他抹一把下颌，擦掉的不知是眼泪、鼻涕还是血。""'学学啦……学学……'他的舌头冻僵了，把'谢'说成'学'"，这个细节描写，突出了人物饱受生活的磨难却毫无怨恨，经历苦难却不乏对人的真诚的性格特点。这是一个心胸多么坦荡，多么忠厚善良的人啊！他和驾驶楼中坐着的"微笑地看着他，不停地点头"的人形成了鲜明强烈的对比，突出表现了他心地的坦诚纯净。正是这个形象，让人看到在异化的社会中依然有人情的美好与真诚，也正是这个形象，足以融化那些已经结了冰霜的人心人情。

作品对搭车人的描写都是通过"我"的视角进行的。小说使用第一人称，在逼真刻画了"我"的内心感受和变化的同时，突出了搭车人的形象。搭车人"笑容像干旱时地上的裂缝在他的脸上蔓延"潦倒可怜的样子，让我充满了同情。听他谈到他的新生儿"是女孩，好漂亮"时，在"我"眼里，他是一个善良慈爱有责任心的父亲。"我""为了那个没有奶吃的女婴，我一咬牙说：'你上车吧'"；当听完司机的惨案故事后，"我很惭愧地看着他，好像自己也是嫌疑犯。"然而，当"我"听信了司机的讲述改变了看法之后，搭车人在"我"的眼中就变了样，变成了一个贼，看他"像夏日里一条疲倦的狗"。尤其是和"英雄正义"的司机相比，他越发显得"阴险""贪婪"，让我鄙视和厌恶。这些描写刻画了一个涉世未深的"我"的单纯和轻信。读者通过"我"的心理变化了解了"我"，又了解了搭车人。在旅程结束、同车人即将分道扬镳的时候，"我"以为证据在握，要求检查行李，将人赃俱在的"贼"拿获。不料，"我"却发现被"我们"暗算了一路的"搭车贼"竟然"为了把'我'的包重新固定，在寒冷与颠簸之中操作了

第4篇

一路”。当知道了他一路上冒着生命危险保护了“我”的东西，惨遭司机恶意惩罚的真相，看到他没有一点怨言，还真诚地感谢司机对他的“帮助”的情景，“我”不能不受到强烈的震惊，感到无比的内疚。“我”受到了当头一棒，“心凌空遭遇寒流，冻得皱缩起来。”对于“我”来说，这是一趟回家之旅，更是一趟人心人情的考验之旅。

《翻浆》中戏剧化的场景设计制造了突出的戏剧性效果。在朦胧的夜色中，由于身边人的不断影响，“我”已经有了成见，利用隔着“一孔之见”的车窗观看，好比戴上了有色眼镜来看待真实事物，怀疑变成了无疑，真相遭到扭曲。人物之间的关系渐趋紧张，好像是拉长的橡皮筋，将误会的情节拉向高潮，制造出紧张的气氛，为后面情节的急转直下做足了铺垫。这个情节也具有深刻的象征意义：在朦胧不清的夜色中，借着一孔看人，从偏颇的角度作出了盲目的判断，必然不全面，更不公正。这就隐喻了偏颇、狭隘、自私是社会关系不正常、人与人之间不信任的原因之一。作品的主题内涵通过这样巧妙的情节得以形象生动地显示，表现出作者的高妙之处。

作品中的环境描写渲染了气氛，增添了文章的美感，也突出了小说的内涵意蕴。“正是春天，道路翻浆。”季节、气候和道路环境的描写点出了小说的时代社会背景，蕴含了作品的象征寓意。天气乍暖还寒，冰雪始融未消，本来平整的路面泛起的泥浆波涛汹涌。环境如此，社会如此，人心如此，故事就是因此发生。“天空有月的碎片在云缝中闪烁，好像一个被遗弃的妇人在掩面哭泣。”作者将比喻法和拟人法结合，用当时紧张的气氛暗喻了社会环境。“我们像一艘古老的单桅船，在戈壁的黑海里摇啊摇。”“我”和司机在看不到尽头的大漠上前进着，暗示了那看似宁静的戈壁，其实暗藏着令人无法防备的危机四伏。当我们尝试着开快车时，“路面变得汹涌澎湃……仿佛有无数章鱼的吸盘缠绕着车的每一条缝隙”暗喻了“我们”不明真相，对搭车人的理解未必正确，“我们”的行为被邪念操控，可能会被一种错误的意识导致错误的结果。“朦胧的月晕中，那个土色的男子如一团肮脏的雾，抱着头，龟缩在起伏的轮胎阵里，每一次颠簸，他都像遗弃的篮球，被橡胶击打得嘭嘭作响。”月色不明，导致了“我”不能明辨真相，看不清人物的真实面目。最后，被真相惊呆的“我”“呆坐在高耸的轮胎间，看着苍茫的夜空”。作者使用了联想想象，夸张比喻，视觉、触觉、听觉多方面的描绘，增强了表达效果，突出了人物的遭遇，给读者留下了深刻的印象。

作者巧妙地设置了小说人物，用对比的手法塑造了各自的特点。三个同车同路人，分别代表社会上的一类人，各自具有一定的社会意义。三个人之间的关系正是当今社会中人与人关系的缩影。人与人不能相互理解信任，甚至彼此怀疑、敌视、仇恨，体现了严重的信任危机。本来“我”同情弱者、帮助他人是正常的，但是这种正常的人际关系被彻底颠倒破坏了，路面的“翻浆”象征了社会的不正常。作者把三种不同的人巧妙地放在了同一辆车上，形成了鲜明的对比，充满了戏剧性，演绎出人和人之间的“翻浆”关系。

小说结尾悬念揭开，真相大白，“我爬上大厢板，动作是从未有过的敏捷。我看到了我的提包，它像一个胖胖的婴儿，安适地躺在黝黑的轮胎之中。我不放心地摸索着它，每一环拉锁都像小兽的牙齿般细密结实。”这里双关、拟人、比喻结合在一起使用，给无生命的物以生命、赋予它动态与情感，不但使描写的对象更加生动、形象，而且准确生动地表现了人物的内心感受。小说戛然而止，令人意想不到，让人受到震动，有所感悟。“我的心凌空遭遇寒流，冻得皱缩起来”这个细节表现出“我”复杂、细腻的情感变化。面对着“不过个把时辰，他苍老得分辨不出年龄了。除了原有的赭黄之外，脸上平添了青光，额上还有蜿蜒的血迹”的搭车人，“我”内心悔恨交加，达到了无以复加的地步。小说给读者留下了思考的空间，也传达出了作者深切的期盼：人与人之间没有了基本诚信，我们的社会便如同“翻浆的道路”。若想重修“翻浆的道路”，恢复正常的人际关系，怀疑敌视是不行的。唯有像搭车人一样付出信任、付出真诚，才能迎来春回大地，才能暖化冰冻的心灵。“假如道路不翻浆，假若熄灭了刺骨的寒气，假若没有急刹车，坐大厢板还是挺惬意的。”此结尾与小说的标题相呼应，直抒“我”的胸臆，说出了一种美好的期盼：假若人与人互相信任，彼此关爱，这一趟回家之旅该会多么温情，我们的生活该有多少快乐！

第一章 小说赏评样文

第5篇

以狗写人，寓意深长

以狗写人，寓意深长

——评刘国芳的小说《狗》

刘国芳的《狗》是一篇具有讽喻意味的短篇小说。这类作品一般借小说的形式在人物情节中寄托深刻寓意，以达到讽刺批判的目的。这篇小说以“狗”为题，通过对村民从怕狗到打狗、杀狗的变化描写，揭露了现实社会中存在的不良现象，讽刺、批判了人性阴暗与丑恶的弱点。

《狗》描写了一个发生在农村的与狗有关的故事。作品中塑造的几种人物形象不同，但特点却相似——都具有“狗性”。狗性指的是没有人情、没有思想、盲目服从、狗仗人势的奴性。小说中狗旺之狗如此，狗旺如此，狗旺的朋友如此，其他村民也不例外。

小说用夸张的手法塑造了狗旺的形象。狗旺是一个游手好闲、靠盗窃发迹的乡村无赖。狗旺的名字有一语双关的谐音寓意——因狗而旺。狗旺“人仗狗势”，仗着自己有一条恶狗，随意欺负村民，胡作非为。狗旺和狗一样十分凶恶，“狗是狼狗，高大、凶悍，狗旺个子也是高高的，大块头。”狗旺最可恨和可怕的地方不在于他有钱、有闲或有势，而在于他的没有人性、冷酷无情。他指使狗横行霸道，“见了别家的狗便发一声唿哨，于是他那狗便雄赳赳地向人扑过去”乱咬。他对和自己生活在一起的乡邻们没有一丝同情和怜悯之心，无论是对孩子还是大人都一样，“被扑的人或惊惶失措或东窜西逃或跌跌倒倒或脸色煞白魂飞魄散”，“孩子哇哇地哭，喊爹叫娘，有些孩子过后还病、发高烧”。“兔子不吃窝边草”，狗旺连兔子都不如，毫无人性。村民骂他“狗旺，你妈的不是人”，他不在乎，他养狗为患、助狗为虐，这些夸张的描写讽刺、批判他简直就是一只没有人情和人性的“狗”。

狗旺有朋友给他“帮腔”。“帮腔”其实就是“帮凶”。狗旺之所以可以为所欲为，就是因为有这些狐假虎威、为虎作伥的“朋友”。这类人是一些唯利是图、仗势欺人的走狗。

村民们饱受狗旺的欺压难以忍受，但在恶势力面前束手无策，先是表示“愤愤不平”，骂一句“狗旺，你妈的不是人”。有的人气急了大胆说一声“打死它”的狠话，只听见狗旺大喝一声“你敢”，“说话的人忽然就不敢说了。”作者写村民如同被狗旺的狗咬伤了的狗一样，“不再有狗敢搏斗了”，只敢“望风而逃”，面对狗样的恶人，敢怒不敢言，逆来顺受，不敢团结起来维护自己的安全。作者用一系列的动作描写了村民的遭遇，突出了他们的不幸，也写出了他们的无能。

狗旺得到了应有的下场，“被公安局抓走了”。小说情节就此发生了转折，原本强与弱的双方发生了转变。作者巧妙地运用了对比手法，写出了村民开头和结尾言行举止的强烈反差，刻画了一群“村里人”的形象，揭示了他们的性格特点。开始，村里人对狗旺忍无可忍却一直容忍，只敢在心里“愤愤不平”，就连对他的狗也只敢做一个“横眉怒目”的表情，加上一个“仅仅把脚跺两下”的动作，连声音也不敢出。手里有“锄头”这样的武器，也只敢“冲狗晃两晃，做打狗状，却不真打”。这点本事连狗都觉得是“假动作”，于是“大模大样地往那人跟前走过去”。村民没有维护正义的勇气，没有相互帮助的仁心，没有惩恶扬善的胆量，只有欺软怕硬的狗性，就是这狗性助长了恶人的气焰，造成了恶势力的横行霸道，导致了狗旺之流的肆无忌惮。

小说构思精巧，在细节描写中蕴含了作品深刻的寓意，场面描写简洁含蓄、准确生动，时空、人物、声色、动作相互结合，把作者的思想倾向从人物的言谈举止中表露出来。

“有一天晚上还叫，当时是夏天，大家在外头坐着乘凉，狗叫起来吵人，大家烦了，都骂：‘那畜生。’还有人说一声：‘去打死它。看它还叫不。’

都点头。”

因为“狗叫起来吵人，大家烦了”，于是大家去打狗。这是一个看起来合情其实不合理的借口。村民长期遭受狗害，对狗耿耿于怀，早就想要报复出气，却一直不敢。现在狗失了人势，才找到了借口和机会。众人“都点头”的动作非常简单，所包含的寓意却很复杂，作者通过这个细节深刻地揭露出人们阴暗的心理，刻画出村里人真实的内心想法。“都点头”的村民，没有一个人提出自己的意见，甚至连想也不想，随大流、瞎起哄，以前胆小怕事，现在仗着人多势众，人人都变得“雄赳赳”起来，大家“赶上门去”关门打狗。被打的狗“哀哀地叫”着求饶，也没有人出来替狗求情。“打的就是这畜生”这一描写画龙点睛。狗伤人时则躲，狗躲人时就打，这正是典型的欺软怕硬的狗性。村民明知狗无辜，却偏要把狗打死，这样的行为不仗义，心地不磊落光明。最后，狗死了，大伙“兴高采烈”，这实在是愚昧、狠毒、毫无人性的狗性的体现。小说开始描写了村民和狗旺的差别，后来突出揭示了他们彼此的共性。村民们从被狗所欺变成群起欺狗，人狗无异。村民们恨狗旺，不是因为他伤害弱者，而是因为他的行为影响了自身利益；

村民打狗不是为了惩恶扬善，而是为了泄恨报复。打狗之举暴露出了村民自私怯懦、不同情弱小、不反抗强权的人性之丑恶与阴暗。

小说采用第三人称，从全知的角度为读者展开叙述，通过故事情节、采用夸张的手法进行讽刺与批判。作者没有加入自己的观点，只是客观地描述，如“狗旺发迹后养了一条狗”。正是这平淡的口吻、客观平实的描写让读者随着情节的发展观看人物的转变。读者经历了对狗旺和狗的痛恨，经历了村里人杀狗的报复行动，在不知不觉中对社会现象进行反思。狗旺固然可恨，但自私、胆小的村民也无法令人同情，他们没有是非心，没有主见，明知道罪不在狗，却拿狗出气，发泄私愤。这种报复的行为背后隐藏着卑鄙、丑陋的人性！

小说语言含蓄，用简练的词句写出了丰富而多层次的意思，达到了讽刺批判的效果。作品开始对狗旺人仗狗势、外强中干的性格进行了夸张描写：“于是狗旺和狗站在一起便应了那人高马大的话，当然，在这儿马应改作狗。”“人高马大”既是写狗旺的长相，更是写狗旺仗势欺人、不可一世的样子。此外，作品中善于运用反语法，重复使用相同的词语描写不同人物的共同人性。故事开始时狗旺和他的狗是强者，“雄赳赳”这个形容词形象生动地表现了仗势欺人者的凶恶。后来村里“一伙人雄赳赳”地去打狗，这个词刻画了村民怕硬欺软、愚昧无知的丑恶人性。作者有意将相同的言谈举止放在不同时间、不同地点和不同人物身上，表现出不同的人身上所存在的怕硬欺软的丑恶人性。此外，“仅仅”两个字的用法，“兴高采烈”的重复使用，还有“忽然”等，同样的词语用在不同的地方显示出不同的意思，刻画出不同的形象，蕴含了深刻的寓意。有时候作者别具匠心地安排句子结构，故意不设标点，“于是被扑倒的人或惊慌失措或东窜西逃或跌跌倒倒或脸色煞白魂飞魄散”，用不间断、不停息的句子造成了一种紧张恐怖、喘不上气的的感觉。

小说结构巧妙，通过表面的故事揭示其背后深刻的思想，使作品蕴含深刻的哲理，产生了言有尽而意无穷的效果。作者善于使用对比与反衬的手法来描写人物，如用事件发生前后人与人的对比突出表现了人性的丑陋；用人与狗的对比意味深长地描写出狗的猖獗、人的怯懦，人的凶残、狗的可怜，以狗写人揭示了深刻的寓言意义。结尾处“见大家不再像刚才那样兴高采烈了”“还有人低下头”的描写看似多余，其实不然。小说的语调发生了微妙的变化，作者在讽刺的基调中加上了深沉的感叹。在感慨声中，我们感受到了作者善意的希望，希望人们思考现状并有所感悟。

《狗》的人物形象突出，对话简洁有力，结构巧妙完整。小说以狗为题，借狗写人表达了讽刺寓意。作品不只揭露过去，也面向未来，显示出了作者对社会问题的关注感悟力以及杰出的文字表现力。

第一章 小说赏评样文

第 6 篇

亦真亦幻，别样风格

亦真亦幻，别样风格

——浅评曹多勇的小说《鹤》

曹多勇的《鹤》是一篇微型小说。小说塑造了一个具有传奇色彩的人物形象，通篇洋溢着奇幻浪漫的神话色彩，歌颂了人面对逆境时锲而不舍的精神和追逐梦想的坚定信念。

小说紧紧围绕着核心意象“鹤”展开情节。小说的标题叫《鹤》，主要人物的名字是“鹤”，小说里的舞蹈剧目也是《鹤》。“鹤”的意象贯穿全文，“鹤”字反复出现了四十多次。人物“鹤长得像鹤”，跳的舞蹈是鹤，画的图画是鹤，最后人物的灵魂也化成了飞翔的鹤。作者用白描手法刻画了具有神话色彩的“鹤”美丽清秀的形象：“人长得如画，修长的腿，修长的颈，修长的臂。”她“长得像鹤”，是“跳舞的料”，天生丽质和跳舞的天分让她弃画学舞，舞蹈时她“感觉自个儿不是用脚跳，而是有翅膀飞”，“很快换下了《鹤》的原主角”，让舞台上的鹤“重又飞翔起来”获得尹镇人们的赞赏，“鹤跳《鹤》活了，神了”，舞者鹤成了真鹤的化身。鹤无所不在，在练功房里，在图画中，在月夜里，在天空中，鹤的故事成为了人们口中美好的传说，鹤的精神成为了“一处景观”，永远存于人们的心中。

小说突出了鹤爱舞如命、从不放弃鹤舞的性格。作者细致描写了鹤因车祸失去双脚，坐在轮椅上去练舞室画鹤舞的情景。她画着画着就情不自禁地舞起来，“两臂痴迷着随音乐向上伸呀伸的”，直到从轮椅上摔倒。后来，鹤消失了，“尹镇人再没瞧见鹤”。但是，鹤依然在舞《鹤》。明月之夜，有人路经练功房，“朦胧里瞧见鹤在跳《鹤》”“见鹤飞舞半空，确实没有脚”，观者认为这是鹤的灵魂在跳舞。“再等月朗月园的夜，尹镇人便拥向练功房外”，他们“瞧见隐隐约约的鹤舞起来。鹤一身素白，旋呀旋的有头有尾，跟《鹤》舞一样”。这些细节描写揭示出了作品深刻的象征寓意。鹤幻化成了一个鹤舞的精灵，她超越身躯的局限，超越生死的局限，飞翔在鹤一样美丽、自由的舞姿里，给人们带来永久的审美享受。由此可见，展翅飞翔的鹤代表了人心里渴望自由飞翔的欲望和本能。舞鹤，就是为了舞出不断飞翔的精神气韵。作者借用老师的话点睛，"舞蹈的感觉就是鸟飞翔就是草树生长就是河水流动……"，这是一种天性，一种不可改变的人的本能，一种不可阻挡的必然。

作者巧妙地从观舞人的视角描写舞者的形象，由尹镇人的心理变化展示鹤舞给观者带来的心灵震撼和精神鼓舞。《鹤》是尹镇人喜爱的传统剧目，尹镇人赞赏鹤出神入化的鹤舞，鹤失去双脚，尹镇人都为鹤感到"惋惜"。尹镇人怀着崇敬的情感在夜里观看鹤的灵魂之舞，"不靠近，都远远地等着，生怕打扰鹤。"尹镇人相信鹤没有死去，他们把练功房当成"一处景观"永远纪念。在他们心中，鹤舞成了一种精神意象，一种鼓舞尹镇人的精神力量。小说中鹤和尹镇人都具有深刻的象征意义。

融情入景的景色描写营造出作品的神话色彩。鹤不知去向，但是人们惦念着她，牵挂着她，"月半的夜，月很圆且明亮一片，夜半，有人路经练功房听见里边传出《鹤》的乐声。"美丽的夜景描写渲染了一种美艳诡谲的氛围，营造了一个魂魄游荡的环境，在"月朗月圆"的夜晚，《鹤》的音乐就会响起，鹤就会翩翩起舞，鹤和神话传说中的仙女一样，在月圆时刻回到人间。舞停乐止，"尹镇人见门缝有一丝白雾飘出，散失天空"，比喻与夸张突出了小说的奇幻色彩。

虚实相生的写作手法凸显了作品神秘的风格特色，作者善于运用问句提出悬念，强化人们的阅读期待，真真假假，虚虚实实，让读者沉浸在神秘的遐想之中。鹤在练功房里"画什么"？当人们看见"画面里的鹤脚尖着地，两臂伸长，颈项举向天歌，一派从容欲飞的姿态"，才明白鹤画的是自己的舞姿。"每幅画的舞蹈人都擦去双脚，半悬空中，真正飞翔起来了。"没有了双脚，鹤的心灵依然在飞翔，刻画出人物内心的执着与坚强。"鹤哪儿去了？"吸引读者关注鹤的去向，"鹤死了？"无人回答。这些疑问句构成的悬疑增添了作品亦真亦幻的感觉。

鹤是人，更似仙。小说《鹤》像是一篇神话传说。作者在鹤身上凝聚了人们最美好的想象和深切的渴望。作品塑造了具有神话色彩的艺术形象，无论是舞者鹤、还是舞蹈《鹤》都具有深刻的象征意义，象征着人们对精神自由的向往，给读者带来了奇异的审美享受。

第 7 篇

请让“我”来告诉你

请让“我”来告诉你

——评西西《像我这样的一个女子》的叙述角度与对比手法

西西对自己所居住的城市充满感情。她的小说作品倾注了对香港命运的极大关注，表达了强烈的本土意识和香港情结。西西的小说在题材、主题、叙述方式等方面都与大陆、台湾的都市小说有明显的不同，展现了香港的生活风貌、人情世态和历史现状。小说《像我这样的一个女子》就是西西以港人的眼光、用港人的方式来讲述这个城市里港女自己的爱情故事，表现了这个城市的社会观念和人生价值，提出了令读者深思的社会问题。

《像我这样的一个女子》展示了香港普通人的生活状况。以“我”为代表的人物面对的是人与人之间越来越隔膜的现实、社会的世俗偏见、付出与所得不公平的现象。个体与社会主流的差异、都市人的狭隘封闭、人与人之间不够包容、缺乏理解等现象，造成了现代人越来越难以排解的都市焦虑，影响着人们的日常生活，造成了人们精神、心理、情感的悲剧。

《像我这样的一个女子》像是一篇内心独白，作者意在充分展示人物的内心世界，采用了第一人称的叙述角度来讲述故事。第一人称便于细腻刻画人物的心理活动，突出人物独特的性格特点。“我”这个人物，是一个处在社会低下阶层的卑微角色，“我”的声音一直被习惯和偏见的重压压抑着，所以“像我这样的一个女子”是不被人们注意和关心的。在“我”要面临一个重大的决定时，“我”没有倾诉的对象，没有相商的知己，只有自言自语讲出自己内心的情感经历。这种自我倾诉，也是“我”在不得不做出选择时所进行的一个必要的自我思考和答辩。这种叙述角度的选用恰到好处，颇具匠心。“我”从自己的角度重叙一段特别的经历，讲述了一个“不该发生的”爱情故事。“我”的讲述使读者听到了个体与社会主流差异的声音，让读者受到了震动，引发了读者的深思。

第一人称的叙事方法往往将小说的讲述者和小说中的人物结合于一，让故事的讲述者通过自己的讲述，带领着读者直接进入故事人物的内心。阅读者和讲述者可以一起感受和体验小说人物的活动、情感变化。小说中“我”独坐在咖啡店那个幽暗的角落里，神情忧郁、语调平稳，缓缓悠悠地回溯着往事：她如何与“夏”相识进而相爱，她怎样渴望和期待着爱情……现在她正迫切地等待“夏”的到来，她要带“夏”去看她工作的地方，向“夏”公开自己的职业。她的讲述如此多情又如此冷静，一边讲述，一边想象着“夏”在知道了她的职业后，该是怎样的惊恐。按照她过去的经验，她想象“夏”知道了她是给死人化妆而不是给新娘化妆之后一定会无法接受，从她的身边逃离远去。

小说的主人公从外表看来是一个弱女子，在生活、事业、爱情上是自卑的。她讲述着“我”的内心经历着复杂的起伏变化，她似乎要说服自己相信她这样一个殡仪馆的化妆师想要拥有爱情是一件不可能的事情，因为这是在这个“正常社会中”不被“正常人”接受的现实。她鼓励自己等待着这个故事将要出现的一个“理所当然”的结局。但是，恰恰是她的讲述，展示出了这个人物内心坚强和勇敢的气质。她对自己的生活环境和处境有清醒的认识，她对自己职业的选择有无悔的决心和执着的勇气，她对自己面临的困难也有充分的心理准备，她是一个非常独立和坚强的女性。在情感的选择上，她并不在乎他人的评价与眼光，她不满足于虚幻的安慰，她不幻想对他人的依附，她注重的是自我内心的感受，面对残酷的现实，她自有一种“我的生活我做主”的气概。小说塑造了一个与众不同、个性鲜明的女性形象，“我”这个人物的内心感受得到了充分展示，这样的女性突破了传统弱女子形象的模式，是现代社会都市中的职业女性的典型。

“我”和另一个人物“夏”之间发生的一切，都由“我”的眼睛过滤和加工，在“我”看的同时展现给了读者，所以很容易拉近读者与人物的距离，读者在与叙述者同样的位置和角度看到所有的一切。由于讲述者就是当事人，就更能增强故事的真实感和人物的亲近感，能直接表示出自己对社会、人生等问题的态度。在人物的讲述过程中，一些不引人注目的、不公平、不合理的社会现象和人们的行为得到了形象的展现，叙述者的观察、理解、感受、阐述也就成了读者感同身受的观察、理解和思考，作品深刻的主题便由此揭示出来。

《像我这样的一个女子》虽然是个人的独白，但是讲述过程中牵涉到了和事件相关的其他人物，串联出“我”与不同人物的关系，表现出“我”的生活和爱情受到社会环境的多重影响。作品以“我”为轴心，展开多层次的对比，对“我”周围的人和社会现象进行了层层深入的剖析，从而令小说具有了多重意蕴内涵。

作品首先将“我”与“夏”两个人物进行了对比。小说一开始就将“我”置于与“夏”的对照中。“我”是一个殡仪馆化妆师，生活在冰冷的世界，外表苍白，内心孤独着；“夏”有正常的职业，生活在阳光与温暖中，外表健壮，内心快乐着。在同一个爱情故事中的两个角色是如此的不同，形成了鲜明的对比。这样的对比自然而然地提出了一个悬念：“我”和“夏”的爱情结局究竟会如何？

作品还将“我”与“他们”进行了对比。小说用第一人称“我”营造出“我”与众人的对照，暗示了“我”和别人的不同。“他们”代表了社会上的固有看法，是多数人的声音，他们把对死亡的原始恐惧转嫁在承担有关职业的人身上，歧视、孤立、甚至贬低这些从业者。因此，“我”与他们必然是对立的。而“我”是当事人，我有许多别人不了解的感受，“我”的声音是有别于主流社会的另一种声音。“我”不会人云亦云，“我”相信自己的感受，“我”的讲述是对主流社会的质疑，是“我”自己的声音，也是对“他们”的不满。这样的对比，像是两种不同的话语对比，从而突出了一个性格鲜明、特立独行的女性人物。

再有，作品将“我”的故事与别人的故事进行对比。怡芬姑母的故事、“我”父母的故事、小弟与女友的故事、一对殉情自杀男女的故事同“我”与“夏”的故事形成对照。怡芬姑母的职业和“我”一样，是给死人化妆的。她的男友就是在被她带到工作室时了解了真相，尖声大叫、掉头而逃的。所以，“我”才断定“夏”在看到我的工作室之后，会和姑母的男友一样立即逃走。而“我”父母的爱情故事是一个喜剧的爱情故事。圆满的结局，又让“我”看到了另外的一种结果，似乎给了“我”一点信心。此外，小弟和女友的爱情故事是一个为殉情自杀的恋人故事。相爱的人不能好好在一起，让“我”明白相爱也是需要勇气的。在这样几个不同版本的爱情故事的相互对比中，作品层层深入地揭示出许多相关的问题。爱情故事所包含的内容已经超出了个人生活的范围，成为了一个引人注意的、广泛的社会问题。这样一来，“我”的故事结局变得更加不确定，小说的可读性也因而增强了。

另外，小说的结尾将“我”开始的想法和后来的想法进行了对比。小说一开始，我是自卑的、悲观的。“我”把自己描述为一个被动接受命运摆布的人，以悲观、自责的语气开始叙述，自叙一个世俗偏见迫使一对恋人即将分手的悲剧故事，担心对方“魂飞魄散”，“我”只能被动等待分手的结局。经过了与他人的对比，经过了自己的反思和考虑，“我”改变了。虽然“我”在他人的眼中是一个不适宜谈恋爱的人，但是“我”有争取自己幸福的权利，“我”和所有人一样拥有获得幸福、争取爱情的权利。“我”的声音渐渐地不再自卑，不再悲观。“我”以为自己继承了母亲身上的勇气，能坦然面对死亡，也能面对情人的溃逃。“我”能面对这个世界的种种不公正现象，所以“我”成为了一个具备勇气而不畏惧的女子——“我这样的一个女子”，同样的一句话，在小说的前后出现已经有了不同的含义。

最后，尽管“我”还是怀有更多的担心，“夏是快乐的”，“而我心忧伤”，但是“我”

自有信念和勇气，“原是谁也不必为谁魂飞魄散的。”“我”在讲述的过程中、在和他人的对比中完成了自我身份的确立，完成了对自身价值的认同，消除了自己内心的畏惧，一个独立自强的女性形象就此塑造出来。读者从“我”的讲述中听到了“我”内心真正的声音。无论结局如何，这个女人的生命都有了鲜花与阳光。

从另一个角度来看，所有的故事情节、细节都是由“我”来提供的，都是建立在“我”看问题的角度上的。但“我”仅仅是爱情故事中的一个角色，所以，“我”对自己的爱情故事的叙述就很可能是主观的、片面的。正是因为如此，这篇小说的结局含糊不清，留下了疑点和悬念：是不是“我”误解了“夏”？“夏”的想法是不是根本不是“我”所想的？也许“夏”听完了“我”的解释会非常理解“我”的行为，这样就会得到一个令人高兴和满意的结局。

第一人称视角叙事使每一个读者在阅读的时候都会根据自己的分析判断得出自己的结论。这篇小说的结局是一个开放式、没有定论的结局，造成了一种含糊不清、歧义丛生的效果，这无疑增添了小说的阅读趣味。和传统的小说相比，作者并没有把一切问题都讲清楚，也没有明白地告诉读者谁好谁坏，这种结局给读者提供了更加广阔的想象和思考空间，小说因此具有了更强的“现代味”和吸引力。

第一章 小说赏评样文

第 8 篇

穿越迷宫的迷人乐趣

穿越迷宫的迷人乐趣

——解读侯德云的小说《冬天的葬礼》

侯德云的小说《冬天的葬礼》被选作 IBDP 中文 A1 课程 2008 年 5 月高级课程试卷一的篇目。还记得当年的考生对这篇作品极度恐慌的反应：根本不知道这篇小说是怎么回事。不仅考生如此，很多老师也大声疾呼："这样的作品到底要让学生怎么评论？我们老师两年的心血就在这篇作品上付之东流了！"这样的反应不难理解，因为这篇小说和我们熟悉的传统小说不一样。我们的课堂教学一直是以传统的小说为对象的，当我们看到这种另类小说难免惊慌失措。说到底，这并不是考官的错。IB 课程没有固定的课本，提倡的就是学科教学的广泛性与前瞻性，文学课和其他学科一样，也是不断变化发展的，教师的课堂教学必须不断地为学生提供新的内容，帮助学生开阔视野，接受新的作品形式，让学生有能力了解掌握不同类型的作品，并对它们进行有效的分析评论。

我们习惯了传统小说讲故事的模式：有一个固定的讲述者，有一个完整清晰、有头有尾的结构轮廓，有明确的故事的发生时间、地点、人物等等。所以阅读小说的时候，只要我们用学过的"六要素"方法就能很清楚地理出脉络，明白意思。但是这种方法对侯德云的小说《冬天的葬礼》就行不通了。有的考生从作品的开头就"迷路"了：到底是谁在讲故事？叙述者是"我"，还是"多次对我说起"的父亲？然后就一直"迷"下去，到结尾也走不出来了。比如，这个故事的时间究竟是什么时候？那年冬天？几年后的春天？后面还出现了"父亲一直连续感慨了几十年"，以及"当我的学识已经渊博得在村子里无人可比的时候"，这又是什么时候？作者是在故意地迷惑读者吗？没错！作者正是有意识地打破读者惯有的阅读习惯，制造出一种另类的阅读效果。

一般来说，小说中有两个明确的时间：一个是故事发生的时间，一个是讲述故事的时间。这两个时间无论如何穿插交织，读者还是可以把握整体的结构线索。一般的小说，叙述者的身份也是明确的，但是这篇小说在这方面就更加与众不同。小说一开头就显示出特殊之处来。小说的叙述者讲叙的是一个他还没有出生时就发生的故事，这个故事的当事人是他的父母一辈，是他的父亲讲给他的，他现在是在转述一个自己听说的故事。于是我们看到，“我”是故事的讲述者，同时又是一个听故事的人，“我”一方面在讲从父亲那里听来的故事，同时还在讲“我”是怎样听故事的故事。读者分明看到“我”在讲原有故事的同时，不断地突出强调“我”自己：介绍了“我”的出生情况，突出“我”是一个“值得信赖”的人，强调“我”存在的价值。作者故意地想要引起读者对“我”的高度注意和重视。这些强调似乎与原有的故事没有什么关系，但是又的确对读者阅读这个故事有重要的影响。似乎突出了“我”这个故事转述人的身份、学识、水平，确立了“我”无可置疑的权威地位，就可以使故事更加真实可信一样。这显然和传统小说有很大的不同。

此外，这篇小说中的时间多重，并且每一个都含糊不清：

首先是故事发生的时间：“那个饥饿的冬天”到底是哪个冬天呢？小说始终都没有明确，给人模糊不定的感觉。尽管不明确，但是我们知道那个冬天是一个可怕的冬天，是一个反常的冬天：“那个冬天，多么冷啊。”

然后是听故事的时间：“多次对我说起”“在我的童年”“当我掌握了油嘴滑舌的技巧之后”，还有“当我的学识已经渊博得在村子里无人可比的时候”，这么多的时间，到底是什么时候？读者无从得到确定的答案。除了迷惑以外，读者只能得到一种深刻的感受：这个故事是父亲讲给儿子的，父亲重复不断地讲述，几乎伴随了儿子“我”出生、成长的整个过程。可见，这个故事对于讲述者和听讲者来说是多么重要！读者怎能不认真地聆听呢？

还有讲述故事的时间：这就更加不明确了。作者并不是连贯地转述父亲讲给他的故事，而是在转述的过程中不断穿插了自己每一次听故事时的感受，还不时地加上了自己的分析和评论。既然父亲的讲述时间就不清楚，这里“我”的转述也只能是多时、多地、多重层次的。这样的时间合在一起，造成了一种真真假假的迷离效果，增加了作品的离奇感和吸引力。

作品的开头几段已经制造出了悬念：那个冬天到底发生了什么？如果我们把作品中父亲讲述的内容连接起来，把穿插其间的“我”的评价去掉的话，就可以相对连贯地看出这个原始故事的内容，那就是传统小说讲述故事的方法。传统小说注重的是小说的人物、故事情节的连贯与完整。但是，这篇小说故意让“我”的存在打破这种连贯性。比如，在父亲讲述那个冬天发生的事情的中间，作者接着父亲的话，针对“那个冬天，多么冷啊”展开评论，插入了一段“那个冬天究竟有多么冷，我无法想象……我更感兴趣的是……”，故意打断父亲的讲述，突出自己的观点，把读者的注意力转移到自己控制的重点上来。类似的例子在作品中比比皆是：在父亲讲故事讲到村里人一夜不眠的关键时刻，作者插入了“在我的童年”听父亲讲故事的情景描写，把“我”本人不断地放置于故事之中。当读者随着父亲的感慨思考野鼠洞的情景时，“我”又一次打岔，告诉读者自己和父亲的对话，自己对父亲的影响，以及自己对问题的解读。“我”处处表现出和父亲的不同之处，向读者强调“我”和父亲一样都是故事的讲述者，甚至在某种程度上，“我”讲的故事比父亲的故事更加重要。这样读者所看到的故事就不仅仅是父亲讲述的原始故事，还有“我”听故事和对故事评判的故事。至此我们就真正明白了，这篇小说是一个“故事套故事”的双故事。

有人把故事套故事的的小说称作“后设小说”。从讲述方式上来看，这篇作品很像是一个后设小说。后设小说有一个明显的标志，就是写小说的人和小说里的人物交错出现，小说的作者在小说中告诉读者自己创作的过程。这些内容本来和原始的故事没有关系，但是作者却有意地将这些内容变成了故事一部分，也就是小说整体的一部分。作者在原有故事的内核上套上了另外一个故事。在讲述过程中，作者不时地出现，表达自己的种种看法和见解，一方面起到了打破读者阅读习惯的作用，另一方面也一再突出强调作者介入作品的重要性，不熟悉的读者感到作者在故意玩弄文字游戏。这就是考生感到迷惑的原因。

传统小说向读者展示的是作品中的人物、情节、环境等内容，而后设小说则注重向读者展示作者本人是怎样写小说的。如前所说，这篇小说的作者有意告诉读者故事的素材是如何得到的，故事从何转述而来，告诉读者“我”是怎样参与了这个故事，比如，“我”不断地和原故事的讲述者对话；原故事的讲述者对“我”心服口服，“我”不断评判当事人，“他惊呆了”“一直没缓过来”这些描写，都是为了把作者自己当成故事的一个角色，甚至是一个很重要的角色。于是，这个转述故事的叙述者，和原来故事的讲述者一样，都成为了故事中的一个重要的人物，原来的故事和写作这个小说的前后过程都是小说的内容。

因为故事之中套故事，所以这类小说就具有了多个时空。有故事发生的时空，也有叙述者讲故事的时空，有听故事的时空，还有转述故事的时空。多个不同时空的故事穿插在一起，就好像把读者引入了一个时空的迷宫一样，让具有探索兴趣的读者觉得挑战性强，同时又情趣盎然。在这篇小说中，作者刻意地将读者领进不同的时空中穿插行走，一会儿进入当事人讲述故事的时空，一会儿进入作者听故事的时空，一会儿又穿梭于故事发生的时空。小说中两个故事讲述者在作者的笔下构成了鲜明的对比：父亲的口吻谦和、实在，儿子的口气油腔滑调、玩世不恭；父亲沉浸在往事的情境中不能自拔，儿子置身事外更加冷静客观；父亲描述的是真实的细节，就事说事；儿子则是联想引用，进行嘲讽批判。“我”的转述和原故事的讲述因为了有时空的距离而具有了多重的声音、多重的解读，给读者提供了更大的思考和想象空间，也丰富了作品的内容。每一次的讲述因为作者的年龄、理解水平不同，对于同样的故事就有了不同程度、不同层次的理解和诠释，这样多次的重复，将最初的新鲜与最后的深刻叠加在一起，势必使“我”的转述变得丰富和多彩起来。

这部小说还有一个明显的特点就是凸显出转述者对原故事的“反省”。“我”从一个只能“洗耳恭听”的孩子到能化解父亲疑问的渊博学者，一直在听故事，一直在思考故事，一直在反省故事。所以小说在讲述那个故事的时候，也在讲述着作者对这个故事的看法、评价和态度。作品的语言有着鲜明的特色。作者使用了大量的具有时代特色的词汇，一方面折射出了当时的社会和时代的现象，一方面表达了作者对那些社会现象的嘲讽。作者用战争年代英雄面对死亡大义凛然的词语——“视死如归”来描写当时的村民无以为生、活不下去的遭遇，表面词义是歌颂主动献身的壮举，背后的含义则是对那种遭遇的悲痛控诉，具有强烈的反讽意味。又如，“火红的太阳从东方升起”“万丈霞光照耀祖国大地”都是那个时代人们常说的口号、歌词，具有特定的意义。作者故意把百姓日常生活中的事情用冠冕堂皇、政治意味极强的词语说出，表达出对那个时代的嘲讽。还有那些粗话“他妈的粮食”“狗日的粮食”村民们一点也不陌生，用以表达人物激愤的情感很贴切，出自一个青年农民、讲述者父亲之口，刚好契合了叙事者的情感心绪，这样一来，小说的叙述变得情真意切起来。记得一位老师曾经对这一点表示过强烈的不满，说“考卷的文章怎么会有脏话”，要就此给出题的考官提意见。这一点真不值得生气。谁说小说作品就不能写脏话？只要是符合人物的特点，符合作品内容的要求，能突出作品的时代感和思想性，有些骂人的话也许还真不可缺少呢。

对于传统小说来说，人物形象的塑造和故事情节的叙述是作品成功的关键要素；但是这篇小说里作者更加注重营造气氛。作者以第一人称的手法，用平静的口语叙述着令人震撼的历史事件，营造出了一种荒诞的怪异感：饥饿给人类造成恐惧、残酷、悲怆、惊恐的感觉，让“我的父亲一直连续感慨了几十年”，成为当事者一生的噩梦。作者描绘了真实的情景：“蹲厕所的时间都比往日无数倍地延长了”，也展示了幻想中的情景：“他们满怀希望走向冬天的原野”的情景“反反复复幻化在我的眼前”。作者还突出描绘了诡异的情节：“几乎每一棵树上都结满了那种让人感到意外的果实”，“人们摇动树干……如同下了一场冰雹”，造成了“惊呆了”的强烈的艺术效果。虚与实、真与假混在一起，凸显出对不正常现象的批判：人为的灾难造成完全超出常人想象和预料的后果，导致了奇异的人鼠关系。读者能感受到一种强烈的气氛在一连串的细节交迭之中产生，人物的思维、言语、行为都被一条线贯穿，饥饿像一个怪兽、一个幽灵改变了亲历者的态度、思维，以及对整个世界的看法。这种异常的气氛，引起人们对那种现象的深思。它象征、暗示着某些深刻的内容与情感，从而表现出作品的深刻内涵。小说结尾描写了一个难忘的场景："多么大的雪啊，像一片漫无边际的孝布，覆盖了整个宇宙。"天降"孝布"的奇异比喻，"覆盖了整个宇宙"的象征喻意，抒发了作者的情感，也揭示出了作品对于人类生存思考的深意。这幅情景交融的图画和这种沉静如寒冷至冰雪的气氛引发了人们的思考，让读者有所领悟。

当我们掩卷之际，有一种终于走出了小说迷宫的快乐。我们发现这篇小说因为打破了传统的写法而凸显出如此诱人的魅力，给读者的阅读和思考带来了极大的乐趣。这个过程也启迪我们作为读者必须具有敢于探索的精神，这样才能真正地欣赏作者的创新与奉献。

第二章 散文赏评样文

第 9 篇

形散神聚，文美情真

形散神聚，文美情真

——徐志摩散文《想飞》的结构特色

“形散神聚”是散文最突出的文体特点。所谓“形散”，除了指散文的题材自由广泛外，也指写作手法的灵活多样；所谓“神聚”，是指散文表达的主旨明确而集中。《想飞》这篇散文将写景、抒情、叙事和议论巧妙完美地结合在一起，精彩的描写、生动的记叙抒情以及精辟地议论如耀眼的星光，情致盎然。点点星光最终凝聚在一起，透彻地表达出向往追求自由的愿望。

文章开头作者先描绘了一幅雪夜的图画：夜，不是一个时间的概念，“不是壁上挂钟的时针指示给我们看的深夜”，而是一幅融情于景、可视可感的雪天深夜图画，“看棉团似的雪花在半空中跳着玩”，雪花飘落像“往下筛”一般。作者选用了别致的意象“山洞”来描写夜，“是一个山洞的深，一个往下钻螺旋形的山洞的深”，深与静，营造出了一种神秘沉寂的气氛，雪夜的深静完全脱离了白日的约束，衬托出作者思想的活跃，为作者的情思意绪提供了放飞的天地，“我要那深，我要那静”，在这无限深静的时刻，灵感的“夜莺”睁开眼睛了，作者的心灵和思想展翅了。情景交融的描写为“飞”的主旨揭开了帷幕，为后面的叙述议论做好了铺垫。

作者将比喻、拟人、动态描写、通感变形、直接抒情、联想想象等修辞手法结合在一起，形象生动地描绘出白天的画面。中午海边的天空，云雀歌唱，飞翔，“一起就冲着天顶飞，小翅膀活动的多快活”“一起就开口唱，小嗓子活动的多快活”，作者连用了几个“多快活”尽情赞美飞翔。“亮亮的唾，脆脆的唾”，词语的重叠营建出欢快活泼的节奏，叫声用触觉来形容，新奇生动，妙不可言：“勖丽丽的叫声从我们的脚底下匀匀的往上颤，齐着腰，到了肩高，过了头顶，高入了云，高出了云。”叫声被比作细雨、比作天使的脚步更是难得的奇喻：“急震的乐音想象成一阵光明的细雨，从蓝天里冲着这平铺着青绿的地面不住的下？不，那雨点都是跳舞的小脚，安琪儿的。”小鸟被拟人化：“吃过了饭，离开了它们卑微的地巢飞往高处做工去。”奇特的比喻新颖贴切，精准的词语色彩丰富，鲜明的图画中响彻着活泼动听的乐音。

《想飞》中令人动情的图画是对客观景物的描写，更是对主观情感的抒发，夜晚和白日的景色正是现实和理想的交融，“夜”展开了对现实的思考，“日”抒发了对未来理想的展望。作者由对云雀声音的描写引出无穷的联想，一步步深入下去，从雨联想到雨的跳动，从跳动联想到舞姿，从舞姿联想到舞者云雀，从云雀联想到美好和自由，最后归结到“飞”，对“飞”进行了形象的赞美，透彻地表达出文章的的主旨立意：“飞”就是快乐，就是自然，就是自由自在。作者向往“飞”、喜爱“飞”的情感表达得淋漓尽致，作品对“飞”的描述形象生动，充满了思辨，洋溢着激情。

文章以顺叙展开叙事，用插叙记叙往事，“大鹏”的英姿给童年的作者留下了深刻的印象。“大鹏”的“飞”是雄壮的，是“风拦不住，云挡不住的飞，一翅膀就跳过一座山头”，是“饿老鹰抓小鸡”的气势与高度，而不是“那软尾巴软嗓”“做集于堂檐上的燕子的飞”。老鹰与燕子的对比描写，揭示出作者对“飞”由来已久的渴望，展示出作者的人生态度和理想。“飞”，伴随着作者的成长，早已成为他生命中不可分割的部分。

文章夹叙夹议，连用了“不是……不是……也不是”的排比句，展开了对“飞”的议论，具有鲜明的情感倾向。人天生具有飞的能力，会飞而不能飞，能飞而不飞，后天的蜕变使人失去了飞的能力。作品论述层次分明，对人类的发展变化和人类的生存状况进行了思考，对人们无法飞行的原因和结果进行辨析：“人们原来都是会飞的”，后来“翅膀上的毛掉了”“给胶水胶住了”“给修剪了”“给典当了”，形象生动的比喻阐明了正是因为人类自身的原因失去了飞行的能力，失去了对飞的勇气和想象。作者对那些“大多数人是忘了飞的”“老是在这地面上爬着够多厌烦”“身子却养肥了……也是难飞”的人们予以批评，指出贪图安逸必然无法展翅高飞的哲理。作者欣羡那些坚守美梦、仍能飞翔的少数人，认为有理想和勇气的人是一定想飞的。作者连用了几个“飞出这圈子”的排比句，把飞的问题上升到了人生价值意义的高度：“凌空去看一个明白——这本是做人的趣味，做人的权威，做人的交代。”为了增加说服力，作者在论述中展开对人类从人到神的回顾，引用了西方的神话传说，论述了人与飞的关系，高度赞扬“人类最大的使命是制造翅膀；人类最大的成功是飞”，歌颂“飞”是“理想的极度，想象的止境”，“飞：超脱一切，笼盖一切，扫荡一切，吞吐一切。”作者内心澎湃的激情、炽烈的情感不可遏制，但理智没有被情感淹没，作者对现实的局限有清醒的认识，他指出人类在制造翅膀的同时也“束缚翅膀”，让人“承上了文明的重量”，给人的飞行制造了重重困难，所以今天的飞行必须付出代价，承担后果。

文章从景物描写开始，也以一幅惊心动魄的图画结束。天空中的飞行物当头而来一声炸响，炸碎了“我”飞行的幻想。这里的“一点子黑”和文章第四段的“一点子黑”相呼应，有很强的表现力，这个意象写出了丰富而多层次的含义。“青天里平添了几堆破碎的浮云”的画面，似乎验证了作者对勇敢飞行要付出牺牲的预言，把人们从飞行的浪漫理想拉回到了严酷的现实世界，令人震撼，发人深省。

散文贵“散”，又忌“散”，要想做到“形散神聚”，就要明确突出文章的主旨。《想飞》言“我”之志，抒“我”之情，张扬个性，描写、记叙、抒情、议论随意挥洒，巧妙组合时空情景的转换变化，睹现状，忆往事，思未来，警现实，将“我”的人生体验、理想追求、苦乐情感、哲理思辨神聚在“想飞”之中。作品在词语使用、选用引文方面体现出中西文化融合的特色，象征性地表达了挣脱自我束缚的强烈愿望。

第二章 散文赏评样文

第 10 篇
写景状物，如歌如诉

写景状物，如歌如诉

——评冯至的散文《一个消逝了的山村》

“写景状物”的散文，通过对选取的景物进行生动传情的描写来表达作者对人生社会、生命历史的思考，在描写中阐述作者的见解，抒发作者的情怀。冯至的散文《一个消逝了的山村》是一篇写景状物的杰作。

《一个消逝了的山村》表现了人与自然不可分割的密切联系。作者独具慧眼，针对一个山村的自然风物进行描写，揭示其中的深远意蕴。消逝了的山村事物激发了他对养育人类生命、孕育人类文明的大自然的感激之情，引发了他对于人生、历史、社会问题的思考。时空变幻、物是人非，在大自然面前，人类很渺小，历史很短暂，就如一个人口众多的山村，无论曾经多么辉煌，有多少传说，最终一切活动都会消失，只留下遗迹。只有自然成为历史与现在连接的纽带，只有自然记录了人类的历史。作品写景状物，将自然意象与人的生命体验凝合在一起，表达出对社会人生、宇宙生命的哲理思考。

作者将叙事、写景、状物、议论和抒情结合在一起，在抒发对大自然的情怀中，表达对生命的思考和对人生的感悟。作者首先面对着眼前“在人类以外”的自然山林，提出了一个令人深思的问题，引起了读者的注意：自然和人类的生存、文明历史有关系吗？作者简述了这个山村隐藏着的一段兴衰史：七十年前，云南境内发生了一场不同民族间的仇杀，造成了山村毁灭、生命消亡，“一间房屋的地基都寻不到了，只剩下树林、草原、溪水”。接着，作者聚焦于树林、草原、溪水这些典型的自然风物，对它们进行生动的描写，在写景状物中融入抒情和议论，“有些自然现象，它们给我许多启示”。随后，由眼前景物生发联想，抒发独特的人生感悟，表达了大自然与人的生命和人类的历史有着“意味不尽的关联”的感悟。写景抒情，状物抒怀，夹叙夹议，见解精辟。整个作品形散神聚，自然流畅，把对自然的感恩敬畏、对历史兴亡的感慨、对人类文明历史的回顾反思交织在一起，形成一种如歌如诉、深情优美的风格。

作品借状物以抒怀，在客观真实的描写中融入了联想想象，蕴含了对自然的敬畏、对生命的感慨，对自然风物的描写达到了层次分明、联想丰富、熔铸情思的高度。作者首先描写了溪水。代表人类文明的山村消失了，而山林葱茏依旧；曾在山村中生活着的人消失了，而滋养过他们的小溪流淌依旧。“它不分昼夜地在那儿流，几棵树环绕着它，形成一个阴凉的所在。”作者对溪水进行了客观描述，然后加入了自己的联想，展开了议论，抒发了对大自然滋养人类的感激之情:“我们感谢它……这清冽的泉水，养育我们，同时也养育过往日那村里的人们。”人类的历史可以消亡，但是自然的一切永恒存在。自然对人类的恩惠超越了时间和空间，养育了过去、现在和将来的人们，人和自然永远不可分离。

作者对一棵小小的鼠曲草进行了细腻、真切、栩栩如生的描写，“这种在欧洲非登上阿尔卑斯山的高处不容易采撷得到的名贵的小草。在这里每逢暮春和初秋却一年两季地开遍了山坡。”“我爱它那从叶子演变成的，有白色茸毛的花朵，谦虚地掺杂在乱草的中间。”鼠曲草的描写中融入了作者个人的联想和想象，小草被人格化了，“但是在这谦虚里没有卑躬，只有纯洁，没有矜持，只有坚强。”“谦虚”“纯洁”“矜持”“坚强”都是人崇高的品格，作者用拟人化的描写揭示出小草的象征意义：“有谁要认识这小草的意义吗？”用对比和夸张的手法将小草比作一个淳朴、美丽、坚贞、勤劳的村女，有着“鄙弃了一切浮夸，孑然一身担当着一个大宇宙”的崇高与伟大。这一段描写熔铸了作者对大自然养育人类的浓厚深切的感恩之情。由此可见，作者写景状物善于抓住特征，写出景物的形、色、声、味，展示其独特的情状，给人新鲜生动、情趣盎然的感受。作者更善于为所描写的景物注入强烈的主观感情，在一草一木之中都熔铸了自己对生命的思考，表达了独特的人生感悟。

自然对人类的贡献不仅仅在于提供了人类生存所需，还在于丰富了人类的精神世界，是人类幻想、想象和艺术的创造源泉。作者用多感官的手法描写了山间野菌艳丽的色彩吸引着人们前来寻访的热闹景象。野菌是人们喜爱的食物，也是“山歌”与“童话”等人类文明与精神产品的诱发物，人类的创作哪一样能离开大自然摇篮的养育呢？无论是过去还是现在，人类的幸福与快乐都来自自然的馈赠，都是人类与自然和谐关系的产物。

作品中对“尤加利树”以及秋天夜晚景物的描写，突出了对大自然无比敬畏的情感。作者对“尤加利树”的真实描写融入了自我丰富的想象，“我们望着它每瞬间都在生长，仿佛把我们的身体，我们的周围，甚至全山都带着生长起来。”“仿佛”一词，对景物进行了主观感觉化的描写，把读者带入了作者的内心世界和情感体验中。作者运用夸张与比拟的手法，把“尤加利树”比作“一个崇高的严峻的圣者”，树木在这里被当作了具有人格的象征物来描写，突出自然具有神圣不可抗拒的力量。于是，当作者面对着高大的“尤加利树”时，心中泛起了不安：“望久了，自己的灵魂有些担当不起，感到悚然，好像对着一个崇高的严峻的圣者，你不随着他走，就得和他离开，中间不容有妥协。”人要仰仗自然，敬畏自然。

和“尤加利树”一样，“常起的狂风”“海上的飓风”“寒带的雪潮”“野狗的嗥声”等自然现象和自然的变化都充满了威力，具有深层象征意义。“尤加利树”让人感悟到生命的渺小，“野狗的嗥声”令人感受到疾苦的恐惧；“麂子的嘶声”则蕴含了死亡的可怕。作者一边写景一边抒情，把自己的情感一点一滴融入景物的描写中，写出了人生的感悟：人们面对自然，有时“自己一点也不能作主”，人类更应该了解自然，顺应自然，和自然和平共处。

冯至的散文语言清新流畅，意象寓意丰富，包含的生命体验深刻。作者追忆了清代云南的历史，也远眺了遥远的欧洲，小中见大将自己对生活的认识和人类的期望都集中在对山村的描写和刻画中。溪水、小草、树木看似渺小、平凡，实则伟大、永恒。人类只有依赖大自然才能存在，所以人类必须感念自然。作者的感悟表现出富有现代意味的自然观，从而启发读者珍爱自然、珍爱生命。

第二章 散文赏评样文

第 11 篇

感念平等相容情，未被异乡当异客

感念平等相容情，未被异乡当异客

——浅评王璞的散文《九龙湾的星星》

古代中国有游子为了仕途功名离开家乡，渴望的是早日如愿还乡，怀抱的是思亲乡愁；现代社会有遍布地球角落的“移民”，为了追求人生的自由奔向异域，渴望的是建立新的家园，期盼的是被接纳认可。如果我们把“游子”比作暂离故园终要飞还的“飞鸟”，那么这些移民更像是连根拔起、急欲在新的土地扎根生长的“苗木”。从这个意义上讲，王璞的散文《九龙湾的星星》从新移民的视角看异乡风土人情，抒发了感念平等相容、不被当作异客的情怀。虽然清浅含蓄，但是无疑具有非常广泛的社会意义。

《九龙湾的星星》是一篇情景交融的散文，作者追忆了十年前自己初到香港异乡求生，工作繁忙，语言不通，压抑紧张，辛苦劳作了一天之后，独自跑到九龙湾夜市逛大排档的往事。作者通过对小街夜市大排档的情景描写，展示出香港平民百姓的日常生活场景，渲染了浓厚的乡土人情气息，抒发了对往昔的怀恋，赞美那种自由喜悦的气氛，感念人与人之间的温情善意，表达了对自然融洽的人际关系、宽容关爱的人情人性的赞美与珍视。

借景抒情的文章贵在景物描写与情感抒发有机结合、水乳交融。作者一边让读者随着她的脚步在大排档的摊贩人流之间“左顾右盼”，观赏她的所见所闻，一边向读者娓娓倾述她内心深处波澜起伏的所思所想。当大排档之行结束时，她从这段往事中体验到的人生感悟也就呈现给了读者。这样的手法给人一种水到渠成、自然流畅的审美享受。

作者使用了多感官的描写手法，把夜幕下大排档熙熙攘攘、忙碌热闹的景象描写得绘声绘色。作者“听见流动摊贩和他们的顾客所造成的那份喧嚣”，“闻见扑鼻而来的香气”，“看见”“一盏连一盏的灯光”和“游动的人流”，感到“一种莫名的感动”。让作者感动的正是洋溢在这个简陋街市中的一种气氛，一种“含糊而欢悦的喧嚣”。为了突出赞美这种气氛带来的愉悦感受，作者引用了一本书进行比较，前者写巴黎上流社会的高雅，后者说香港平民街市的低俗，似乎“风马牛不相及”，但其实“气氛是一样的”，都是一种自由与随意，是一种舒适与温馨，和作者在工作场所的气氛相比，它们“是那样的开朗，那样的轻快，带有一份天真烂漫的无忧无虑”，它们同样美好，同样值得“怀恋”。通过这个对比，作者巧妙含蓄地表达出自然朴实的平民生活情趣更为可贵，普通百姓的日常生活更令她喜爱。

让作者感怀于心的不仅仅是大排档的自由愉悦的气氛，还有那种宽厚包容的亲切。作者置身其间，感到了被接纳、被认可。作者在“密密麻麻”的摊贩之间，“不知不觉”地一改平时“老是匆匆的脚步”，悠闲地“左顾右盼”起来。“夹道欢迎”的比喻非常贴切，“勉为其难”的感觉惟妙惟肖，作者不仅享受着自己被“夹道欢迎”当作贵宾的亲切荣耀，还同时享受着宾至如归、自如自在的“随心所欲”。在这里，作者毫无外来客的陌生与拘束，消除了在工作环境中的紧张和沉闷，真正得到了身心的愉悦。

作者善于描写具有浓厚生活气息的场景，在对大排档进行了概括描写之后，把焦点聚集在几个不同的摊档上。烤鱿鱼的小贩“一边同时操作三四只烤架，一边手不停口不住，向着围在旁边等着吃鱼的顾客应酬”，寥寥几笔的动作描写，就活灵活现地勾勒出了一个忙碌、能干的小贩。作者笔下的大排档主人，手脚并用、勤奋能干、善于经营，这样的形象让人心生敬佩。作者从观看中得到了“享受”，表现了对他们由衷的赞美。

作者对串烧摊贩的描写聚焦在摊主与客人、过客与过客之间的交流上。被“香气阵阵扑鼻”吸引的我提出要求，小贩追问，我表示疑惑，“就有人自动充当翻译”给予回答。几个素不相识的人物之间简短的对话，一个“互相之间点点头”的细节，就非常生动地写出了主客之间的友善，写出了人与人之间善意的关爱。看到这里读者不由地感叹：相逢何必曾相识，即使语言不通，只要有缘面对面相聚在一起，就可以是朋友。

作者构思巧妙，精彩的客观描写中处处渗透着细腻的心理感受。作者在大排档上流连，感受到了自由、快乐，享受到了友情。我们越来越明白为什么作者“我”不惜放弃单位提供的廉价晚餐和就餐的方便，宁愿舍近求远来光顾九龙湾的小街夜市。在茶餐厅的煲仔饭面前，作者终于找到了自己的需要，“热腾腾的蒸气牵扯起且在心头萦绕不去的是那种家的感觉”。读者也就此恍然大悟：一碗牛腩面，满足的何止是劳作之后肠胃饮食的需要，更主要的是满足了一个外来客精神上、情感上的需要。难怪作者情系九龙湾大排档，惦记一碗牛腩面！

贯穿全文场景描写的核心线索是一个外来客细致入微的情感体验。一个身在异乡、语言不通的外来客，最难以避免的就是无法沟通的隔膜与孤独。作者“不会说”也“听不懂”“广东话”，担心自己不能被接纳，但是她在大排档里处处感受到友好的善意。

人们忙碌着，自然地交往着，一些不经意的行为举止流露出敦厚的善意与温情，让作者动容。只要人们心中有善意，其实不需要语言也是可以的。她从中得到安慰，仿佛自己就是一个本地人，她很想融入进去，尽情享受本地人的感觉。所以当她看到别人用广东话亲切交谈时，便生出一种“过客”的感觉，为自己语言不通而“懊丧”；当她听不懂店主广东话的追问时，一下子“惊疑”起来，感到紧张和恐慌。但是，却完全没有受到排斥和讥笑，旁边的陌生人“自动充当翻译”，让她欣慰地感到自己被本地人视为“朋友”了。波澜起伏的心理描写牵动着读者。

大排档接纳了作者，大排档里的人给了作者关爱。作者写了老板娘“一本正经”的问话，自己被深深触动却还没有想好怎样回答，只好“作思索状”。几年之后她才找到了最佳答案：“牛腩河是我学会的第一个广东词，就是在这条友好快乐的小街上。”当她终于以独白的方式回答老板娘的问题时，心中充满了感激之情，感激这条小街带给自己的“友好快乐”，感激牛腩河以及与之相关的人，唤起了自己新生活的勇气和信心。这是一个新移民的情感经历，也是这篇散文最耐人寻味的甘美之处。

文章选用具有象征意义的意象来表达人生感悟。作者选用了“星星”这个意象，含蓄地表达了人与人之间关怀与温暖的美好。星光闪耀在黑暗的夜空，给人们以勇气和力量，象征着茫茫的人生途中闪现的光亮。巴金在散文《星》中，将星星看作孤独者的慰藉、贫困者的祝福、失意者的期望，星星是支撑人们活下去的希望。人类共享星光，无论贫富、不分老幼，星光面前人人平等。本文中街市里的火光和灯光象征了人世间的温情暖意，九龙湾的繁星和它们交相辉映，无比美好。“星星也像地上的行人那样，密密麻麻、热热闹闹……有时候串烧炭火的金黄，有时候茶餐厅炉火的淡蓝，美得不同凡响。”这里的比喻既是含蓄的抒情，也是明确的点题，巧妙地揭示出了本文标题的深刻寓意，增添了作品的艺术感染力。

散文的结尾很有味道，“星星呢？还是那样色彩烂漫吗？”这个问句意味深长，与文章的开头相照应。作者有感于社会的变化：电车和牛腩河的价钱都变了，社会发展变化了，那些曾经愉悦过作者的摊贩还依旧吗？那些温暖过作者心灵的人情还如昔吗？作者借此含蓄地表达出自己对美好情感的深情呼唤，希望美好的风土人情不要消失。

“独在异乡为异客，每逢佳节倍思亲”，这句古诗写尽了古代游子的情怀，成为千古绝句。《九龙湾的星星》抒发了一个置身异域的外来客渴望被接纳认同、找到家的新移民情怀。作者从最平凡的生活场景和人们的日常交往中感受到香港市民身上的同情、宽容、博爱等美好的人性。这是每个人都需要的，更是新移民渴求的。就此而言，这篇短小的散文必会赢得许多现代读者的情感共鸣。

第 12 篇
强者的忏悔

强者的忏悔

——浅析鲁迅散文《风筝》的内涵意蕴

《风筝》一文选自鲁迅的散文集《野草》。这篇仅有一千两百八十多字的作品，文字的叙述描写简明易懂，但蕴含的寓意却无比深刻，所揭示的主旨超越时代社会甚至民族国界的局限而历久弥新。也许就是这个原因，这篇作品被屡屡选入中学生的中文教材，启迪着一代又一代人们的心灵。

小说以风筝为核心线索，记叙了自己人生中和风筝相关的经历。一件童年无知所为的往事，让成年后的作者难以释怀。无心的过失，被作者看作是一种“虐杀”的罪行，终生真诚地为之忏悔，却弥补不得、赎罪不能，终于意识到自己根本没有获得宽恕的机会。作品表层的叙述是强者对弱者构成了伤害而不知，深层的意蕴是强者渴求宽恕而不能的忏悔，所以我们也可以把这篇作品看成是一个强者忏悔的作品。无心的强者之过，真诚的忏悔不已，让作者的一生都浸泡在悲哀之中。悔恨之情洋溢在字里行间，给读者留下了深刻的印象，以至于读完作品掩卷良久，还沉浸在作者的沉痛中不能自拔。

作品以自述的方式回忆了一段亲兄弟间难忘的童年往事：“我”和“我”的小弟弟有不同的喜好，“我”不喜欢风筝，看不起玩风筝的人，觉得那是没出息的。而“我”的小弟弟却特别喜欢玩风筝。作者采用了白描的手法，把小弟弟对风筝的喜爱表现得特别生动感人：家里穷，买不起风筝，小弟弟只好看别人玩风筝，“张着小嘴，呆看着空中出神”；风筝牵动着他的心神，为落下来的风筝“惊呼”，为解开来的风筝“跳跃”。这是一个多么活泼可爱、让人怜爱的孩子！作品中对弟弟看风筝时的神态描写，生动传神地写出了弟弟的纯朴天真，写出了弟弟对风筝的痴迷，为后面出现弟弟制作风筝的场面做了铺垫。但“我”是哥哥，在中国封建家庭“长幼有序”，兄长负有父亲的责任，拥有家长的资格来管束自己的弟弟，在弟弟面前“我”就是真理在握的强者。“我”不喜欢风筝，不许小弟弟放风筝，不准他弄这种没出息的玩意，想要他有出息，想阻止他放风筝，使他不落人笑柄，不再可鄙，认为这是最好的爱护弟弟的方式。作品充分展示出哥哥的心理活动，使后面“我”毁坏风筝、“虐杀”弟弟天性从而造成终生遗憾的情节更加合情合理。

和强势的哥哥相比，弟弟“大概十岁内外罢，多病，瘦得不堪”，是一个名副其实的弱者。“论长幼，论力气，他是都敌不过我的。”作品采用了对比的描写手法，用生动的细节描写突出了强弱的悬殊。无论是论体质、体能，还是论智力、体力，小弟弟都是绝对的弱者，他没有发言争辩的权利，也没有行动上反抗的能力，他面对强者的打击没有任何选择。强弱两方面的对比力量如此悬殊，小弟弟岂是大哥哥的对手！于是，当私自做风筝的秘密被发现后，他“便很惊惶地站了起来，失了色瑟缩着”。作者描绘了弟弟恐慌和惊惧的神态，让人们看到一个无辜无奈的弱者形象。而“我在破获秘密的满足中，又很愤怒他的瞒了我的眼睛”，显示出一副得意又理直气壮的样子。作品对“我”的动作、神态的传神描写，充分突出了“我”的粗暴与冷酷。“我”将他苦心孤诣偷做的蝴蝶风筝“伸手折断了”，“掷在地下，踏扁了”，然后“傲然走出”，一“折”，一“掷”，一“踏”，传神地写出了“我”这个强者的盛怒和粗蛮。当“我”彻底毁坏了他即将完工的风筝时，“并不留心后来的他怎样”，小弟弟只能眼睁睁地看着自己费尽心血制作的爱物被糟蹋，默默忍受欺凌，“绝望地站在小屋里。”两个人物行动的细节形成了对比，很有深意。

虽然这是一件发生在家庭内部、亲兄弟之间的、似乎是司空见惯的争执，但是当时的情景不是一场势均力敌的公平争斗，而是一场恃强凌弱的暴虐攻击。双方力量悬殊，一方任意行事，另一方被迫接受。弟弟的惊惶、畏缩、绝望与“我”的愤怒、粗暴、傲然形成了鲜明强烈的对比。作者使用了“敌”与“胜利”这样描写战争的词语来表现“我”自以为是、粗暴撕毁弟弟风筝的情形，暗示了这场冲突实际上具有了“战争”的性质。这一场不宣而战，是典型的长者对幼者的压迫，强者对弱者的欺凌，大哥哥是强者，他有权利按照自己的喜好和意愿决定一切，大哥哥胜利，小弟弟惨败，小弟弟受到了强者的“虐杀”。这样的事件定性为下文写“我”的悔悟做足了铺垫。

多年后，哥哥发现了自己的错误，意识到自己当年的行径是“对于精神的虐杀”。错了，即使出于好心，也不能原谅自己。他深刻地自责，作品中使用了“心变铅块”的比喻，以及一连串具有特殊意义的词语：“忘却”“怨恨”“宽恕”“说谎”，反复强调虽然事隔久远，但“我”悔恨不已，还是一心想寻找机会，竭尽想得到弟弟的宽恕。作者采用“以虚写实”的手法，设想了多个“讨他宽恕”的方法“补过”，弥补对弟弟的伤害，但是这个可怕的错误已经无法挽回，想要“送他风筝，赞成他放，劝他放，我和他一同放”，但时光不能倒流，弟弟童年不在，他“早已有了胡子了”。想要“去讨他的宽恕”，小弟弟却什么也记不得了。这些描写折射出深刻的社会时代内容，也对小弟弟精神麻木的状态表示了深切的忧虑与痛惜。

文章中“我”的心理描写非常出色。“我”发现错误时的自责，“我”悔恨的沉重，“我”不断谋求补过的期望，“我”补过不成的绝望，“心变铅块”的暗喻和连续四次“堕”中，形象地表现了“我”坐卧不安的沉重心情，让“我”感到一种“无可把握的悲哀”，充分表达了“我”的悔恨。此外，《风筝》中使用的词语如“惊异”“悲哀”“伶仃”“肃杀”“诀别”“嫌恶”“可鄙”“惊惶”“失了色”“绝望”“虐杀”“断绝”“沉重”“寒威”“冷气”等，为整个作品涂上了灰暗的色调，造成喘不过气来的压抑感。作品通过反省式的语言直接表达出自己失去谅解机会的悲哀：“于是二十年来毫不忆及的幼小时候对于精神的虐杀的这一幕，忽地在眼前展开，而我的心也仿佛同时变了铅块，很重很重的堕下去了。”“全然忘却，毫无怨恨，又有什么宽恕可言呢？无怨的恕，说谎罢了。”“我还能希求什么呢？我的心只得沉重着。”

这一切都告诉读者，人生中就是有这样一些再无弥补机会的过失！作为一个制造了过失的强者，必须有自省的精神，必须认识到自己错误的严重，必须对自己的所作所为进行忏悔，甚至必须接受后果的惩罚！

结合中国的文化，试想当时的情景，大哥哥的错误是完全可以理解和原谅的。这样的事情古今中外实在是太平常了。读者即使没有身临其境地感受过，也难免耳熟能详地听说过。这种“虐杀”可谓无处不在。我们熟悉的法国小说《小王子》中，写了一个孩子童年学画的故事，大人的干涉让这个孩子放弃了继续学画的信心。在今天的现实生活中，有强者就有弱者。在家庭里、在工作场所、在社团中，上司相对于下属是强者，成人相对于孩童是强者，大国相对于小国是强者，主流社团相对于非主流社团是强者……这些强者们往往因为自己的好恶对弱者实行“虐杀”。强者由于无心无知并非有意的所言所为，对弱者造成的伤害的现象有之，恃强无恐、故意伤害弱者的现象更是有之！一个部门的主管、一个团体的领导，甚至只是一个普通的路人只要比其他人稍有所强，就可能出现对弱者的伤害。如果滥用权势与能力，随意攻击弱者，其贻害罪孽该是多么深重！像作品中的哥哥一样，强者总是能找到各种理由，甚至可以打着崇高神圣的旗号进行强权政治、强国外交等等。应该承认，强者给弱者造成的危害难以估量，这是构成世界不公平、社会没公义，造成社会不和谐、人心不平静的根源之一。可惜的是，我们总能听到强者振振有词地理论，很难听到真诚的道歉和忏悔。强者与弱者的问题已经远远超出一个家庭、一个团体，甚至超越了国界和文化的范围。因此，《风筝》所揭示的深刻寓意不仅仅映射了当时的时代和社会的状况，还远远超越了作者那个时代、社会的局限，引起了人们不断的关注与瞩目。

正因此，《风筝》中有关忏悔的描写才值得格外关注。作者以锐利的笔触作了深深的解剖，不仅仅是在反省，简直是在忏悔！他一方面深刻地揭示出人性的弱点，一方面毫不留情地揭露自己的伤疤。这种忏悔意识和忏悔精神正是这篇文章最打动读者的地方。鲁迅先生的自我忏悔是一种对自己的行为负责、对他人深切关怀和尊重的行为体现。在当今社会更具有超越时代的意义，他在大胆解剖自己的同时，也在解剖着民族、社会、国家乃至世界。这不仅显示出了作者人格的高尚，也指出了解决许多社会问题的唯一途径。

《风筝》中挥之不去的沉重和“无可把握的悲哀”、深广的失望与忧虑的情感是通过景色描写来渲染寄托的。景物描写在这篇散文中既是文章情节结构的线索，又是作者内心情感的外显。作品一开始写“我”所见：冬天的气候、地上的积雪、灰黑干枯的树枝，晴冷的空中飘动的风筝，这是眼前的、现实的“北京的冬季”；而过去的、记忆中的“故乡”的“春天”则是另一种景象，前者是阴暗、压抑、寂寞的：“灰黑色”“秃树枝”……后者却是明亮、多彩、热闹的，“淡墨色”与“嫩蓝色”的风筝，“发芽”的杨柳的黄绿，“多吐蕾”的山桃的嫣红。两者的色彩形成了强烈对比，造成了视觉反差，表现出不同的情感。“在我是一种惊异和悲哀”一句，提出了一个令人疑惑的悬念：为什么作者感到惊异和悲哀呢？故乡、风筝、早春的杨柳与桃花，构成了“春日的温和”的景色，但是“我现在在哪里呢？”显然“我”被隔离在故乡的温暖的情景之外，沉浸在内心的悲哀之中。这些描写突出强化了上面的悬念，奠定了全文的情感色调。

文章结尾处，作者再次进行了景物描写，又将故乡的春天与异地的天空融在一起。表面上看这两段景物描写有共同之处：“现在，故乡的春天又在这异地的空中了，既给我久经逝去的儿时的回忆，而一并也带着无可把握的悲哀。我倒不如躲到肃杀的严冬中去罢。”“春日的温和”与“严冬的肃杀”色彩一明一暗，形成了一热一冷的对照。作者在故事、细节、景物中表述自己的内疚与悲哀，表达自己的内心情感，可见这件事由始至终带来的痛苦和沉重如此强烈，几十年来一直吞噬着“我”的心灵，让“我”始终都走不出肃杀的严冬，构成了一幅气氛悲凉的图景。“躲到肃杀的严冬中去”的描写暗喻了“我”无法解脱的悔恨和悲哀。这里的“严冬”有象征的意义，“肃杀的严冬”是对自己的过错不肯放过的坚持，是一种敢于承担自己错误的后果的人生态度。生活中，我们不难发现很多强者对自己的错误都选择遗忘。但是鲁迅先生恰恰相反，他对任何精神的虐杀都是不能容忍的，他绝不原谅自己的过失。大多数人可能会躲到“春日的温和”中去，鲁迅却选择“躲到肃杀的严冬中去”，苛责自己，解剖自己，惩罚自己。作者用自己深刻的反省告诉世人，反省自己的“罪恶”才能改变自己，才会救赎自己，才会让自己走进“春天”的温暖。

这篇散文没有扣人心弦的悬念，也没有惊心动魄的氛围，叙述平常家事，却挖掘出非常之人性。作者采用白描勾勒人物，揭示了人物心理，让读者在不知不觉中进入作者的心灵世界。无论叙事抒情、细节描写、景物描写，所要表达的都是一个强者忏悔的真诚。作者写对放风筝的“嫌恶”，对小兄弟看放风筝的“可鄙”，看到小兄弟做风筝时的“愤怒”，折断风筝离开时的“傲然”，其目的是为了对比出反思后的“沉重”和不得原谅后的“悲哀”。作者反复强调“我的心也仿佛同时变了铅块，很重很重的堕下去了”“我的心只得沉重着”，表达出了自己对“精神的虐杀”带来的后果以及失去谅解机会的悲哀，这种自我批判达到了异常深刻的高度。

一篇好的文学作品总是能把深刻的、厚重的、广大的社会问题和主题意义通过一些具体的情节、人物的言行展示出来，不故弄玄虚、不渲染词藻。鲁迅的小说就有这样的艺术魅力，他引导读者思考作品中的深刻寓意，感悟人生社会，这样的作品具有永久的生命力。《风筝》所蕴含的精神内涵是鲁迅先生留给我们的一笔最宝贵的精神财富。

第二章 散文赏评样文

第 13 篇 抒怀忆成长，咏物气韵生

抒怀忆成长，咏物气韵生

——评李木马散文《木匠房》的描摹技巧

童年的体验、成长的经历是作家人生丰富的养料，也是散文创作的源泉。李木马的散文《木匠房》回忆了他童年记忆中深刻的场景，记叙了往事对自己成长的启迪，在对物的描写中巧妙寄托了自己的人生感悟。文章抒情浓厚、言志深远，在结构安排、画面组接以及叙议结合等方面颇费匠心，把木匠房描绘得别致新奇、栩栩如生，达到了气韵生动的艺术境界。

文章一开始，作者从一个小孩子的视角、以孩子的口吻对记忆中木匠房里的工具进行了生动细致、充满了童趣和想象的描摹，不同凡响。“小时候，喜欢在父亲的木匠案子上躺着、趴着闻木头味、鳔胶油漆味。喜欢木头，喜欢各式各样的木匠工具。和父亲一样喜欢。”作者连用了几个“喜欢”，一方面突出了人物的形象特点，写出独有的童年体验，一方面把浓厚的感情注入在了描写的对象之中，增添了意趣，引人入胜。作者结合排比、拟人、比喻等多种修辞手法，综合运用视觉、听觉、嗅觉、触觉等感官描写，赋予各种静止不动的工具以鲜活灵动的生命和人格魅力：“吉普车一样的小刨子，不知疲倦地在光洁起来的木条上来回奔跑，它又像一只方方的小船，把木头里的水纹在身后抛起片片浪花，而刨子家族里最小的铁刨模样如张开细翅的工蜂，它在吻遍了全村的锄柄锹柄镐柄之后就跟整片田野以及上面的谷物有了亲戚。”在作者笔下这些工具在奔跑、航行，在亲吻、繁殖，它们不是木匠房里的陈设，而是木匠房里各具特色、性格鲜明的主人，是辛勤创造美好生活的劳作者。一个普通的木匠工作间，被作者描绘得逼真灵动、情趣盎然、生机勃勃，读者读之如临其境、感其情。

文章中对景物的描写包括了两个层面：有写实性的白描速写，也有主观想象的景象迭现。这样的描写显然不是客观的静止描写，而是融入了作者独特的情感体验，对“趾

着一排白牙，一年四季都能把木头啃出细雪的锯子单手斜吊在墙角（不知它的胳膊酸不酸）”的猜想，对“父亲乜斜的眸光”映照的记忆，以及对“木头的命运将天壤之别”的关注，都刻上了作者的生命情感印记。木匠房的人与物，他们外在的形态与内在的精神气度融为一体，形神兼备。这个木匠房、这些活跃的工具是作者塑造的艺术形象，更是作者生命的组成部分。对作者来说，木匠房不仅仅是一处景观，更是他生命的组成部分，是他快乐的童年乐园，是他人生的课堂，是他成长的伴侣，在他的人生中占有极其重要的地位。

描写童年的记忆，更多是为了充分展示成长的经历。随着个人阅历的增长和理解的深刻，作者的童年记忆变得越加鲜活。作品采用了倒叙和插叙的方法，描绘了父亲的劳作情景，“在院里的树荫下有时在窗前半敞的棚子里有时在各家各户刚封了顶的新房中……‘拉大锯——扯大锯’，在一根斜架起来的圆木底下仰起头，弓腰站在上面的父亲是那样高大的，汗津津的头顶上光光的日头又给他罩了一层神性和雄性的光芒。”这是他往事回忆中最美好的场景，是他成长岁月里最震撼心灵的形象。作者用诗情画意的语言写出最崇敬的情感，使散文具有了浪漫风采，同时也象征性地揭示出了散文的深刻意蕴。文章以木匠房为题目，以木匠房为核心。作者眼前小小的空间，渐渐扩展至天地相接的广阔空间，延伸到生活的各个领域，和人们的生活息息相关。“满屋的家具，家家户户的门窗，大路小路上的木车，大井小井上的轳辘……”岁月在“满地的刨花让生硬的木头变得柔软，慢慢散发出淡淡的甜味。空气变得粘稠起来，木屑在空中飘游，在一束斜光边缘杳然消失”中流失，作者在这样的岁月中长大。与身为木匠的爸爸妈妈朝夕相伴、耳濡目染，促使作者对生命的意义与人生的价值理解渐深。“立柜、箱子、桌凳们在堂屋立起来的时候，家里仿佛又多了人口。”此处拟人化的描写，不仅象征性地揭示出了木头与人的关系，赋予爸爸妈妈的行为更广泛和普遍的意义，更深层地揭示出作者与木匠房的情缘：木匠房是他父母生活劳动的地方，在这一方空间内，父亲像“魔术师”一样把木头“变成桌子椅子”，“母亲把剩下的木条木块捆好，码放得规规整整。”父母各守其位、各司其职，脚踏实地、一丝不苟地承担着各自命运的责任，成就着自己的人生业绩。

《木匠房》以小见大，借具体的“木”写抽象的“情”，表达出对人生价值意义的哲理思考。作者赞美木头和木匠，是因为木头造福于人类，是因为木匠创造了美好的生活，木头、工具、木匠、木匠房成就着彼此，完善着彼此。“坚韧似铁，房中挑脊车中当辕的洋槐；身轻品重，开门请风推窗邀月的红松。还有幽香弥久的樟、洁若处子的杨、细腻敦厚的柳……”木头与木匠的无私奉献、高尚质朴是人类最需要的精神品质。作者对木头、木匠的赞美正是对这种美好品质精神的赞美，是对如父母一样的劳动者品质性

第13篇

格、人生态度及其对社会人生贡献的歌颂和赞美。作者把木头、木匠和人的生命意义价值联系起来，运用了象征的手法，把木头的转变过程和木匠劳动创造的过程与人生的价值和生活的乐趣相联系，赋予了作品深刻的象征意义：人应具有木头的品格，应具有木匠的精神，像木匠一样努力，让人生有所创造，让生命充满价值和光彩。作品字里行间洋溢着一股乐观、坚定、积极向上的生活气息，充满了对劳动创造生活的敬仰热爱之情。

从全篇结构上来看，《木匠房》的安排起伏有序、开阖有度、颇具匠心。文章先对记忆中的现实景象进行描摹，然后转入了对往事经历的回忆，展开对话题的议论，最后又回到了现实，表达出自己鲜明的态度和观点。在对物的细节描写中，渗透了作者个人化的情绪与感觉，寄托了自己的审美情趣和理想追求，为后文做了很好的铺垫。全文由木头起、由木头结。文章结尾用一句点睛的话语直抒胸臆："长大了常想当一块木头也挺好，浑身没有一点无用的和肮脏龌龊的东西，生命的尾声也红红火火。"作者用对自己人生的期许结束了全篇，首尾照应，寓意深远。

第二章 散文赏评样文

第 14 篇
笑读王小波

笑读王小波

——读王小波《人为什么活着》一书有感

“笑读”是说我在阅读王小波作品的时候忍不住笑起来，先是无声地笑，继而是小声地笑，最后就是旁若无人地大笑起来，以至笑到眼泪溢出的地步。

要说明的是，我读的不是一本笑话，不是一本小说，而是一本杂文集。《人为什么活着》一书中收录了 46 篇短文，从不同的角度、以不同的方式针对生活中的一些现象和社会问题提出了个人的见解并进行了充分的论述。

其实，在翻开书本阅读之前，我是十分严肃的，也许是面对着封页上王小波的名字而生出对他的印象，也许书名引起我对于他将要讨论的话题的想象。总之，是面对一个看来严肃的作家和一个严肃的话题的那种严肃。但是，读着读着，所有的印象和想象就消失了。不久，会心的微笑就变成了出声的大笑，笑得停不下来，只好歪倒在沙发上，丢了书，擦起眼泪来。在一边看电脑的丈夫颇为不解地看看我，摇起头来。

我微笑，是因为王小波的论述畅快，文字的表述这样的通透、流畅、尽情、痛快！道理人人都会讲，但论文不是人人都会写，许多文章中道理讲得不错，但是故作艰深的文字让人读起来别扭，只好“敬”而远之。王小波的文章字句准确、语意明白，假设推理铺垫充分，设问铺排恰到好处，读来舒畅、顺气，让人体会到一种久违了的新鲜、甘美，我怎能不发出会心的笑来？

王小波在论述严肃的问题时常常采用夸张戏虐、插科打诨的手法，让你忍俊不禁。例如，“……说现在的大学生水平太低，连‘郭鲁茅巴’都不知道，我登时就如吃了一闷棍。我想这个蒙古人，不知为什么我该知道他。想到了半夜才想出来，原来他是郭沫若、鲁迅、茅盾、巴金四位先生。”又如，“假如我全盘接受，无异于请那些善良的思想母鸡到我的脑子里下蛋，而我总不肯相信，自己的脖子上方，原来是长了一座鸡窝。”

他常常把自己当成笑话的对象，你读的时候怎能不笑？

王小波进行论辩时非常注意语言的逻辑条理。他使用转折词，把一个句子中所要表达的不同层次的意思逻辑性地连接起来，造成一种峰回路转、层层深入，最后倾流直泻、冲达谷底的效果。“这就如和意味高明的棋手下棋，虽然自己总是被击败，但也有机会领略妙招……恕我直言，能够带来思想快乐的东西，只能是人类智慧至高的产物。比这再低一档的东西，只会给人带来痛苦；而这种低档货，就是出于功利的种种想法。”“假如说，思想是人类生活的主要方面，那么，处于功利的动机去改变人的思想，正如为了某个人的幸福把他杀掉一样，言之不能成理。”此处再用一个三段论式的句子，行文论述无懈可击，痛快！

我大笑，是因为作者见解的独到。他的观点从不躲闪、毫不含糊、旗帜鲜明、透彻见底。“……为什么有很多人总是这样的仇恨新奇，仇恨有趣。古人曾说：天不生仲尼，万古如长夜。但我有相反的想法……我对这样的生活一点都不喜欢。”

在《中国知识分子与中古遗风》一文中，作者丝毫没有沿用人们通常的看法，就如何界定“知识分子”的定义发表了自己的观点，引发了一个极具争议的研究论题。中西文化的、古今历史的、现实生活的、国家的、制度的、观念的、个体的、整个社会的各个不同层面都涉及到了，让你无法不深思，无法不受震动。所以读文章的时候你觉得好笑，读完了文章你又不免觉得难过。

王小波的文章有一种真挚和坦诚。文集中篇章的标题引人注目，立论鲜明、论据贴切，论说表述非常有趣，往往从身边的现象写起，亲切自然。王小波善于借助自己亲身经历过的生活现象进行反思，来论述其背后的社会问题。他文章中的哲理思辩从我们身边开始，然后远远超越了我们的生活，最后才又回到了我们身边来。他讲述自己的亲身经历时，自然地引起身为他同时代的人们的共鸣，我们不由得微笑起来。在《个人尊严》一文中，他举出了挤火车、上公厕等例子，简直是无人不熟视无睹、无人不感同身受的事情，让人不能不笑。

他还不时地把一些在理论上和事实上都不可能的、不合情理的事情和已经发生的事情相提并论，妙喻连连让人发笑。“知识虽然可以带来幸福，但假如把它压缩成药丸子灌下去，就丧失了乐趣。”王小波的论述把巧妙的讥讽融于幽默的语调，毫不做作；敢于批判的精神处处可见，形象生动的比喻比比皆是。字里行间是一己之见的坦言，而无居高临下的规教。作者分明是一个活生生的挚友，与你面对面地机智神侃，而不是一个六亲不认、不可一世的判官，声嘶力竭地指责批评，活泼、生动、个人真实性情的表露无余打动了读者。人在动情之时，怎么会不放声大笑？

作者的许多论据我是信服的，尤其对那个时代荒诞的例证，我深有同感。但是，不同意的地方还是有的。毕竟，人的认知能力是有限的，再伟大的人也会有偏颇、固执和自以为是的地方。比如，王小波对陈寅恪的评价是："他穷毕生精力，考据了一篇很不重要的话本《再生缘》。"对此，我持反对意见。首先，《再生缘》绝不是一本"毫不重要的话本"，而是中国文学史上最具代表性的女性文学作品；其次，陈先生的考据具有划时代的重要意义，就文学的价值来讲，他的研究可以起到改写中国文学史的作用。我自己有一本中英文双语专著[1]对这部作品和相关研究有所论述。

一想到王小波偶尔也会大言不惭，过于自信地作出评价，我也会笑了，无人能无过。我的笑是一种理解的笑，一种顿觉得作者更加亲切的笑，我释然地笑了。

忽然，我意识到，王小波的这一表态，不仅仅是由于不同学者对学问的不同见解所致，也不仅仅是个人对相关知识的掌握不足所致，这实在是一个男性文人对女性文学作品的漠视与轻蔑的具体体现，前者可以原谅，后者无法宽恕。王小波如此，其他文人如何？想到这里，我是笑不出来了。

1 董宁《诚为才女红颜写心——陈端生〈再生缘〉中才女形象的塑造》，三晋出版社，太原，2012年9月版。

第三章 诗歌赏评样文

第 15 篇
新颖独特，中西结合

新颖独特，中西结合

——谈余光中《月光光》的意象特色

善于用最有限的文字表达最深刻复杂的情感，正是优秀诗歌的标志之一。《月光光》这首诗歌采用了许多非常新颖独特、中西结合的意象，诗人主要透过“月”的意象表达出怀乡忆旧、渴望亲人团聚的心情。与此同时，作者对这种传统意象进行了全新诠释，融入了西方现代的意识。因此，《月光光》呈现出“传统”和“现代”之间的挣扎和矛盾，这也是一种中西文化差异和冲突的表现。诗人使用不同的艺术手法，呈现出种种离奇、幽暗、冷僻的画面，情景交融地抒发了独特的情感体验，表达出深刻、矛盾、复杂的内心挣扎与困惑。

众所周知，意象是诗人对客观物象进行加工，寄托了主观情感而创作出来的艺术形象。《月光光》的意象以“月”为核心。在传统的中国诗词中，“月”是一个常见的意象，凝聚了思念、团圆、纯洁、情爱或宇宙生命的情感，千百年来始终和美好的、温暖的、明亮的亲情和充满了希望的意绪联系在一起。但在这首诗里，诗人虽采用了“月”的意象，却用一系列的比喻彻底打破了这个意象的传统意蕴。月亮变成了“冰过的砒霜”，与致命的毒药、冰冷、无情、死亡、悲惨融为一体。不仅如此，诗人又不断地赋予了月光“幽灵”“死星脸上回光”等特质，一再强化这个意象具有的阴森死亡的色彩，从而彻底颠覆了“月”这个意象在诗歌里的传统情感意蕴。

诗中另一个意象是“猫”。“猫”在中国文学里不常见，可以说这是一个西方文学传统中的意象。在西方文学作品中，“猫”是不祥之兆，通常都象征着死亡。和月亮冰冷阴森相伴，黑猫也营造着恐怖死亡的感觉。“黑猫在瓦上诵经”，更加给人恐怖的感觉，不仅在喻示着死亡，而且还在诅咒着死亡的加速降临，不能不让人为之不寒而栗。

“美妇人”这个意象在全诗中两次出现，她“大眼睛的脸，贴在窗上”，她像是思念的对象，也像是思念的另一个主体，在等待和思念的痛苦无望中变得苍白，在月光下如此凄惨、冰凉。

为什么诗人要用这些意象去刻画一幅那么凄惨的景象呢？为什么要对月光意象的传统蕴含故意地反其道而行之？是为了故弄玄虚吗？我在阅读的时候对此深深存疑。“太阴下，夜是死亡的边境”，这里以“太阴”指月亮，沿用了中国古人对月亮的称呼，有意表现月光具有时空、生命的穿越感，诗人透过梦境“偷渡”，回到了思念太久的过去，有一种“梦里不知身是客，一晌贪欢”的意味。将眼前的月亮和古代的月光连在一起，将过去和未来联系在一起，故而离古代近现代远。不仅如此，月光还能穿越生死，让自己见到了故去的亲人，也许那个“苍白的美妇人”就是一个梦中的影像，她“大眼睛的脸，贴在窗上”，在盼望着，在期待着，因为太久的期待令她苍白了容貌，令她凄惨、冰冷。这正是做梦的人和梦中人共同的处境。

诗人用了拟人手法描写“海在远方怀孕”。“海”是指海峡两岸，还是指对面的故乡？或者都是。“怀孕”喻示了孕育之中的生命和希望，可这希望还很渺茫，黑猫就在诵经悼亡。前后两组意象的矛盾冲突，表达了新的希望和生命刚刚诞生就面临破灭死亡的危险，这是一种多么不尽人意又让人无可奈何的悲哀！

诗歌就是象征的艺术，这首诗歌充满了象征寓意，海的象征意义让读者明白了台湾和大陆的隔阂，才令人明白了渴望与绝望的根源。作者要表现的还是那份渗透在骨子里的思乡之情。

诗歌中每一段里都重复着“恐月症和恋月狂”，用重复出现、反复强调的办法突出概括全诗所抒发的矛盾心情。顺序的不断颠倒，表现了不同时期诗人情绪的变化，两个症状不断地在反复着、折腾着，但是两者始终相互交叉，不能分割。一方面诗人眷恋象征着故乡的月亮，思念故乡。另一方面，月光如“砒霜”一般，在他思念的伤口上引起刻骨的痛苦。因此诗人既眷恋又恐惧月亮。这是一种多么矛盾复杂、忐忑忧惧的感情！

读诗至此，我才开始明白，诗人利用了传统的意象却颠覆了其中的内涵，中西结合创造意象、营造意境绝不是故弄玄虚，而是独创性地采用极端的手法，反映他的思念和痛苦之情到底有多浓、有多深、有多复杂和多矛盾。从诗歌的艺术表达来看，这样的创新达到了诗歌独特、反对传统、表现自我的艺术效果，从而大大扩大了诗歌的表现领域。

除了大量的比喻、拟人，诗人还善于词语活用，把“祟”这个名词当作动词运用，描写了月色如何像鬼神灾害一般笼罩着猫，笼罩着海，笼罩着苍白的美妇人，更加营造了恐惧不安的感觉。

这首诗的节奏韵律很好地配合了诗歌的内容表达。诗歌的韵律和谐，读来朗朗上口，具有歌词一般流畅的韵味。多次重复出现“月光光”的字音，像是在不断地强调着自己的主旋律，构成了循环往复的音乐美。

诗歌用丰富的意象营造出几个典型的画面，由大到小，由远及近，由遥远的天空到辽阔的海面，再到人物自身，最后回到了“我”的内心。诗人决心像分析化学成分一样，科学、细致、准确地分析一切未知的现象，表明了坚定的决心和美好的愿望。

这首诗想象丰富，创意大胆，意象的创造中西结合，极具奇幻色彩，从而展现出诗人内心深处极为复杂的情感，给人留下了深刻的印象。

第 16 篇
化虚为实，含蓄深情

化虚为实，含蓄深情

——谈曾卓《有赠》的叙事特点

叙事类诗歌作品采用叙述、抒情的手法，通过对事件、经历、境遇、场景的叙述来抒发情感。作者往往借助想象的力量来营造出一种气氛，构建出一种场景，安排出一些故事情节，借助一个特定的环境、特定的时间和空间，对人物的所见、所闻、所感、所为进行象征性的描述，暗示出人的心理感受。有时也只是借助于一个轮廓模糊的事件来表现相应的情绪和感受，在对事件、场景进行深度开掘的同时，表现出诗歌的言外之意。

曾卓的《有赠》是一篇比较典型的叙事诗歌，采用了化虚为实的方法，把抽象的感情，如相思、相爱、离情别绪、生命的体验等，借助事件的过程、场面的情境、人物的举止言谈加以表现。随着叙述的展开，进而表现感情的产生、发展和变化，直至高潮。采用这种有迹可循、有形可感的描写方法，能更好地抒发无形、抽象的情感，把内心情感变化发展的经历用事件发生发展的过程展现出来。

《有赠》要表现的“爱”是一种无形、抽象的情感，诗人曾卓用浓厚的情感和生动的笔墨描写了一段劫后余生的经历，一个相逢得救、重获新生的场面，形象地塑造了一位在孤寂的沙漠中长途跋涉、历尽苦难、陷入绝境的路人，得到了爱的温暖和拯救的过程，借此表达受难者对爱的理解、感激和对爱的伟大力量的歌颂。在诗人的笔下，“爱”是一个沙漠来客行将倒毙时得到的一杯水、一口酒、一个微笑，是对他生命的拯救。诗歌采用了化虚为实、由实生虚的手法，将抽象的爱具体化，把“爱”“爱的力量”这样抽象的概念和感受借着具体的意象图画般形象地展现出来。“爱”幻化成“窗前的光亮”“默默地凝望”“洁净的小屋”“舒适的靠椅”、一杯茶水、母亲般温存的眼睛的关怀注视。无形抽象的爱成为了可以感受的有形之实，化成了一段被拯救的人生经历，让读者看到爱是一种感受，爱成了一种动力。因为爱，失望的人心中有了希望，困顿的人获得了力量，哭泣的人口里有了歌声。

《有赠》叙事的顺序是以作者观察点的推进为线索，随着时间的推移或空间的展开把所见、所闻、所感融成一体。顺序的结构方式从前到后，由远及近。诗歌叙事不是单纯地对事件、场景进行叙述和描摹，而是借描述来诗意地传达生命的情感与体验，表现诗人对日常生活、日常场景的感受和理解，具有深刻的象征意义。诗人把捕捉到的情绪、情感、思想等主体意识的感受渗透到生活场景与事件的描述之中，诗意地展现出来，把自身的感情、经验巧妙地嵌入、熔铸在诗歌的字里行间和整体的布局结构之中，抒发主观情感。作品一开始描述了“我”的处境，我经历过巨大的悲痛，在陷入绝境、几乎绝望之时，我“远远地就看到你窗前的光亮，它在招引我——我的生命的灯”。对一个在孤寂的沙漠中长途跋涉的人来说，看到了“我生命的灯”是多么的刻骨铭心，“我”向着光明，渴望得到温暖。“我”和“你”就是在这样的情景下相遇，作品细腻地刻画出一个历经磨难后久别相逢的场景。作者对“你”和“我”两个人物互动的动作、表情和神态的描写与刻画，暗含了“我”的感激、崇拜、敬仰的情感，表现了“你”的平凡、无私、善良、圣洁和伟大，深刻地揭示出作者对“爱”的感受：我“叩门”求救，满怀了激动紧张、惊慌失措；“你微现慌张地为我倒茶、送水”，亲切真诚、无微不至。正是“你”无私的付出，“你”对“我”在孤苦中的慰藉，让“我”受到心灵的震撼，让我重获生机。作品构建了这样一个场面，通过对相逢的细致的叙述描写，揭示出千言万语都无法表达的深情厚谊，展现出人物之间心灵深处真挚的情感交流。

“我”本来经受了太多磨难，“背负着的东西却很重”，对生活已经绝望，“我头发斑白了，背脊佝偻了”，但在“你”的指引下和关爱中获得了新生。“你”“解救我的口渴”“使我醉了”，“我全身灼热”，于是“我”明白了爱不仅是一种温情、一种信任、一种关怀，也是一种激励，“我”从“你”的爱中得到的还有一种觉醒、一种勇气、一种使人再生的力量。“你给了我力量、勇气和信心”，使“我”能够战胜自己、征服苦难、正视生活，可以生活下去；爱，使“我”在得到爱的同时也关爱对方。我开始反复不断地为对方着想，思考生活，“我有力量承担你如此的好意和温情么？”可见，爱在这里成为了一种感激、一种自省、一种反思、一种精神境界的升华。“你的含泪微笑着的眼睛是一座炼狱，你的晶莹的泪光焚冶着我的灵魂”，获得了爱的人，可以不怕苦难，不怕打击，但他怕信任他的人失望、难过、受到牵连，他要给这种无私的爱以回赠。“我”的肉体生命和心灵意志从此得到了再生，精神得到了升华。“我”是诗歌的一个抒情形象，从一个濒临绝望的失意者变成了一个意志坚强的奋斗者，形象的变化让读者看到了爱的力量。

《有赠》中有很多典型的场景和象征意象：“沙漠”象征着绝望无奈、肉体的伤病、精神意志的崩溃、陷入绝境；“绿洲”象征了生机、希望、绝处逢生。作者通过对事物或事件深入细致的生动描写，把一个个具有广泛代表性的画面展现在读者面前。这些画面具体可见，可感可触，融合了诗人的主体情感，营造出诗的意境，具有了超越具体形象本身的、更加深刻和广泛的象征意义。例如：

“你为我引路，掌灯。

我怀着不安的心情走进你洁净的小屋，

我赤脚，走得很慢，很轻，

但每一步 / 还是留下了灰土和血印。”

典型集中、生动具体、特征鲜明的场景，突出了叙事的现场感和情景感，有逼真的效果。作者借助对典型情节片断的深入细致的描写刻画，把诗人强烈的情感浓缩到了场景以及场景中的人物之上，描绘出的是一幅幅画面，但是外现的是诗人的心跳、脉搏、感受、劫后余生的惊悸不安、经历苦难留下的烙印、受到接待的感激忐忑、言谈举止的小心翼翼。这些描写起到了以小寓大的作用。诗歌抓住了与人物情感相关的意象，使读者从平凡的现象、日常的活动、点滴的事件中看出人生的意义，见出人生的哲理。

在语词的选用上，作者善于以轻写重。如，“你的手轻轻地握我的”，“轻轻”一词，写出了“你”对“我”全身颤栗、惊惧不已的理解和安慰；“我忍不住啜泣，当你的眼泪滴在我的手背”，“啜泣”则写出了“我”得到了“你”的同情和理解时受到内心的震撼；“在一瞬间闪过了我的一生”，“一瞬间”与“一生”产生了对比效果，突出了爱的永恒力量。这些词语的使用看来平淡，实则深情；表面淡化，内在更具有一种打动人的强烈的冲击力，加上字面与内涵的对比效果，造成读者心灵的感动。

《有赠》形象地展示了爱的含义：爱是宽容的理解、善良的同情，是巨大的精神慰藉，是生活的勇气，爱是一种信任和激励。得到真爱的人，不会就此满足，而是获得力量，担起责任。作者借用一段经历的记叙把对爱的理解完整形象地表现了出来，把看不见的情感转化为可以看到的形象、可以描写的经历表现了出来。个人的生活体验和人类对同类的关注，以及对社会的思考和人的使命承担，都借助了时间的叙述和细节的描写揭示了出来，这正是诗歌最感人的所在。

整首诗深情真挚，优美流畅。诗歌的分行分段组合成了一幅幅动人的画面，凄苦中带有甜蜜，伤感中蕴含希望。作者用看似平淡的语气表达了浓烈的情思，平淡中寓浓烈，忧伤中含欢乐，凄苦中带甜蜜，表现了丰富又复杂的感情。曾卓的诗词语和音乐节奏深情舒缓、吟咏反复、一唱三叹，将个人的苦难转化成带给读者美感的温情，产生了一种感人至深的艺术感染力。

第三章 诗歌赏评样文

第 17 篇

自由、追求、快乐

自由、追求、快乐

——谈徐志摩《雪花的快乐》的意象选用

诗歌是用来抒情的，诗歌的情感越浓厚、越强烈，诗歌作品就越具有艺术的魅力，但是情感不能直言相告，不能直着嗓子喊出来。诗歌抒情有章可循，从古至今诗歌抒情已经形成了规律，那就是作者选用恰当的意象，用意象营造出情景交融的意境，使读者看到情景交融的画面，听到有节奏的韵律声调，感受其中蕴含的特殊气氛，产生强烈的情绪共鸣，进入一个激动人心的艺术世界，被诗歌的感情所感动。

什么是意象？从字面上看，“意象”的“意”部首是“心”，“意”和人的内心思想、意念、情感有关；“象”指形象、样子，指物体展现出来让人们看到的外在形式，外表之象。“意”是主观的情，“象”是客观的物与景。“意象”就是主观的“意”和客观的“象”的结合，就是寓“意”之“象”，是凝聚着诗人主观意蕴、用来寄托诗人情思的艺术形象。

徐志摩《雪花的快乐》一诗成功的关键是意象的选取。诗歌中的意象具有美感，凝聚了诗人个人的经历和感受，赋予了特殊的象征意义，饱含了诗人的情感。“雪花”“梅花”都是中国传统诗歌中常见的意象。“雪花”和“梅花”都生存在寒冷的冰雪天地间，都具有纯洁、高雅、美丽、坚强的特点，也许是同样的环境造就了它们相同的秉性：不畏严寒，在寒冷中开花，在寒冷中凸显自己的意志与品格，在寒冷中展现出生命最美的风姿。寒冷，其实也是一种象征，象征着生存环境。寒冷赋予了“雪花”和“梅花”与众不同的气质和韵味，“雪花”视“梅花”为知己，视“梅花”为最美好的理想化身，“雪花”要向着“梅花”所在的地方勇敢地飞翔，与她终身相伴。为此，“雪花”不惧困难与艰险，不惜融化自我，牺牲自我。“雪花”对“梅花”的追求，就是对爱情的追求，是对自己人生理想的追求。用诗歌评论家蓝棣之的话来说，这是一首“雪对梅的恋歌”。众所周知，自然界的雪花是没有感情的，作者将雪花人格化，赋予雪花情感，是为了表达人的情感，表达诗人的情感。“雪花”和“梅花”都是自由、美好、爱情的象征，“雪花”和“梅花”就是诗歌抒情的意象。

“雪花”作为全诗的中心意象，形象优美，蕴含了诗人浓烈的主观情感，具有深刻的寓意。雪花轻盈而飘逸，是诗人洒脱姿态的幻化；雪花洁白、晶莹，是纯洁爱情的象征；雪花美丽、自在，寄托着诗人对自由的渴望。诗中的雪花具有自然雪花的纯洁无瑕、自由潇洒，更是拥有生命的雪花，有着自己的意志与情感。

轻扬柔美的雪花，有着坚定的决心，要勇敢追求自己的理想，不惜牺牲自己的生命。雪花在风雪中寻找自己的精神家园，也就是在人间社会追求自己的人生理想。

雪花是诗人“我”的象征，诗人把自己想象成一朵雪花，并借助雪花的口吻和动作深切地表达了自由追求的快乐、理想目标的确定以及坚定不移的决心。雪花的快乐，是一种追求的快乐，这种追求是一种执着而忘我的追求，直到达到目的，消融了自我。《雪花的快乐》中，诗人选取了几个具有悲凉意味的物象：“冷寞的幽谷”“凄清的山麓”、令人惆怅的“荒街”和理想的家园梅花“清幽的住处”、美丽的“花园”形成了鲜明的对照。诗人借此表明了自己明确的理想和坚定的奋斗方向。雪花拒绝冷寞、拒绝凄清、拒绝惆怅，抗拒严寒的控制与威压，表达了一种自由的意志。诗人连用了“不去”表明了他坚定的信念，他无比骄傲地高呼“你看，我有我的方向”，表明了诗中主人公执着追求的决心。

好的诗歌意象表现出诗人丰富的想象力和创新能力，给读者带来听觉、视觉、嗅觉、触觉的审美享受，能从多角度、多感官的方面刺激和激发读者的情绪反应，引起读者的联想，调动起读者自己的生活灵力和艺术体验，从而领悟诗歌作品的言外之意、味外之旨。诗人深情地刻画了雪花所追求对象的美好：“清幽的住处”“朱砂梅的清香”是“她”的所在，是诗人的理想圣地。尽管这只是诗人徐志摩的主观想象，却包含着诗人心灵中深邃的情怀。晶莹纯洁的雪花、娇艳孤傲的红梅，诗人虽然没有直接描述女郎的形象和气质，但通过这两组意象的描写，我们很自然地能想象到“她”娇美的面容和清高的性格。诗中散发着“朱砂梅的清香”的姑娘，不只是一个理想的爱人形象，她应该是一切美好事物的化身，是诗人心中美好的理想。

风雪与严寒，没有给作品蒙上任何的苦闷、忧郁的阴影，相反诗歌中呈现出一片明朗艳丽的光彩。看，“飞扬”的雪花“沾住了她的衣襟，贴近她柔波似的心胸”，白雪与红梅，终于相拥在一起。诗人紧紧抓住了雪花自身的特点，以“消溶，消溶，消溶”“溶进了她柔波似的心胸”表明诗人甘愿付出一切、不惜牺牲自我的坚定决心，将全诗的感情推上高潮。诗的结句，与开头雪花的飞舞相呼应，构出了全诗的意境。全诗洋溢着欢快的气氛，诗人在追求的过程中充分享受着选择的自由、热爱的快乐，丝毫不感痛苦。

“飞扬，飞扬，飞扬”多么坚定、欢快和轻松自由的执着，富有强烈的感染力。

意境是诗人内心情境的艺术再现，不同性格、情趣的诗人，其作品的意境风格各不相同。徐志摩《雪花的快乐》意象鲜明生动，情绪欢畅，语调活泼、轻扬、优美，节奏灵巧、欢快，读来朗朗上口、和谐优美，营造出了一种轻盈柔美、流动飘逸、潇洒自信的诗歌意境。

一首优秀的诗歌作品总是具有主旨深刻健康、技巧独特圆熟、想象新奇丰富、形象独特鲜明、语言含蓄生动、节奏和谐优美的特色，在句子结构的安排、声音韵律、节奏语调的形式等方面，体现出诗人丰富的艺术想象力和创造力。徐志摩《雪花的快乐》就是这样的作品。诗歌展示出鲜明具体的艺术形象“飞扬的雪花”，令读者产生出美好的联想；情景交融的意境，令读者感悟到作者的浓烈情感，领悟出蕴含的人生哲理。

第三章 诗歌赏评样文

第 18 篇
黄昏依旧好，夕阳古今红

黄昏依旧好，夕阳古今红

——浅评任洪渊的诗歌《黄昏时候》

任洪渊的诗歌给人这样一种感觉：作者希望用现代的意识探索古代诗人的情怀，寻找古今文人共有的人生体验，开通历史与现在连接的隧道。《黄昏时候》引用了唐朝诗人李商隐的两首代表作《登乐游原》和《无题》，作者在这两首诗歌的基础上架设起自己的诗歌作品，可以说《黄昏时候》这首诗是一首"后设诗歌"作品，可谓"诗中之诗"。

首先，任洪渊承袭了唐代诗人李商隐《登乐游原》中对黄昏的情感，用李商隐的诗句表达自己的情怀。黄昏是白天与黑夜的连接点，黄昏夕阳本有光明将去、黑暗将临之意，面对它人们心中总不免荡起一丝丝哀伤与惆怅。但是《登乐游原》赋予了黄昏"夕阳无限好"的温情与暖意。任洪渊眼前的夕阳黄昏变成了李商隐诗歌中的那个夕阳与黄昏，他的眼光分明是受到了李商隐所代表的中华文化和历史的熏陶，他的眼中才能看到和李商隐相同的景物，这说明古今相同的自然景象具有将历史和现在不同时空合为一体的神奇功能，从而显示出中国的文化和历史，具有塑造了古人和今人相同情感体验的伟大力量。于是任洪渊借着黄昏的意象表达自己对历史、人类的现在以及未来的思考和期望。

《黄昏时候》选择了瞬间即逝的黄昏时刻作为描写对象，借用了"黄昏"这个意象来象征中国历史和文化发展的一个个转折连接点，将过去、现在和未来艺术地连接在一起。中国古代文明历史的黄昏，正是中国现代文明的开始。任洪渊将古今交错连接在一起，使黄昏的意象更具有历史的厚重和深邃感，以此来表达作者心中文化传承的使命感，表达他对人类社会历史的回顾、对现在的思考以及对未来充满信心的展望。诗歌富时代特色，并且给予了读者丰富的想象空间。

任洪渊化用了李商隐诗歌中的意象，在《黄昏时候》一诗中将自己与唐代诗人李商隐放在"同一条地平线"上，将自己与古代诗人李商隐并列共置于同一时空。"黄昏涨着，从他的眼睛涨过我的眼睛，消失了……一片暗红。”诗人无限感慨地表达出了对时光流逝的惋惜、对人类历史辉煌的眷恋。诗中，黄昏的景象成为了古人和今人眼中栩栩如生的相同画面，融进了古今人们共同的情感。不仅是作者与李商隐，作者希望“所有的眼睛拉成一条地平线/开满红牡丹”。此一句和前面“把我和李商隐拉到同一条地平线上，牡丹花开败的地平线上”一句相互照应。“黄昏”“地平线”“牡丹花”造成了一种视觉上的冲击，引出心灵上的碰撞，“李商隐”“我”和“所有的眼睛”分别代表着古人、今人和后人，过去、现在以及未来都处在“同一条地平线上”，都拥有相同的情感体验。

在任洪渊的诗中，我们不难看到作者是把自己当成和李商隐一样的历史文化的传承者。李商隐诗歌中所传承的中国文化精神已经成为了作者一代的生命，作者的诗也正在向未来传承同样的精神命脉。因此当我们读到“朦胧了……的黄昏”时，我们才感到在历史的黄昏“朦胧了”的那一刻，正是“点醒了”我们未来黎明的那一刻，历史的过去和将来一直是紧密相连的，就像是一条历史长河，有起有伏，但永不会停止奔流；中华民族的文化与精神有变化有发展，却永远不会停止世代的传承。于是，在作者的笔下，“落日”与“永恒”划上等号，李商隐的“夕阳”在我的眼中“成了永恒”，我眼中的夕阳又将成为未来黎明的前奏。所以，“我把我的夕阳抛下了”，献给“另一个天空”，给未来、给后世。为了表明自己的决心，诗人再次借李商隐诗句中“春蚕”的意象，塑造自己甘愿自我牺牲、造福人类的崇高形象，表达自己对祖国民族、对文化传承的坚定信念和意愿。

旧日的“天边”是“暗红”的，而“我”的眼前却“开满红牡丹”，美丽的国花，象征着即将到来的欣欣向荣的时代。“红牡丹”是另外一个具有象征意义的意象。唐朝是中国历史上汉民族辉煌盛世的代表，“牡丹”作为唐朝的国花具有典型的象征意义。“牡丹花开败”象征了唐朝由鼎盛到败落。作者呼唤“开满红牡丹”的时代的到来，坚信中国繁荣、中华强盛的未来。“开败”的牡丹花与“开满红牡丹”、黄昏的“将死”与黎明的“新生”之间形成了强烈的对比。“黄昏时刻”本是“近黄昏”的一种令人惋惜的情景；可是在作者看来却是一天之中最辉煌、最金光灿烂“夕阳无限好”的一刻。

《黄昏时候》一诗具有丰富的想象力，诗歌的结构别出心裁。作者在不同的时空中穿越，在古今与未来之间驰骋，将人类的历史、民族的兴衰和对未来的思考与期望连在一起，构成了一幅令人遐想不已的画卷。

第 19 篇

渴望变化，等待台风

渴望变化，等待台风

——浅谈王小妮的诗歌《台风》

台风，是一种破坏力强大的自然现象。诗人王小妮的《台风》描绘了台风袭来时撼天动地、气势凌厉、势不可挡、震慑人心的画面。台风威力强大，在摧毁现状的同时，也更新现状。“台风”的意象，既是现实的，又是想象的，既是写实的，又是写意的，对台风的描写，既是可见可感的，也是富含隐喻的。因此，诗歌所展现出的“等待台风”的描写就具有了深刻的象征寓意。这首描写自然景物的诗歌也因此具有了深刻的人生哲理。

人类因面对各种挑战而发展，人生为了应对各种变化而前进。人们习惯于追求平稳的常态生活，并因此惧怕灾害，回避变化。台风降临的片刻给人们的启示是：人生无法拒绝变化，无法拒绝挑战，面对困境，人只有背水一战方能求生。从另一方面来看，新生总是在毁灭之后，因此，“活着，就是要等待台风”应该是现代人必须具备的一种生活态度。

《台风》选用的意象非常独特新奇，展示出了作者丰富的想象力。作者选取的意象都极具代表性，如“黑狮之群”和“君主”等，都是力量和气派的象征。特别是“君主”，宛如古代的皇帝一样，他的身份地位都在万人之上，众人都须屈膝俯服于他的脚下。作者用“君主”的到来比喻台风的来临，“全天下侧过身雀跃着响应它”，清楚地表达了台风拥有的威严。台风来临，海水波涛汹涌，气势如“黑狮之群”，溅起的浪花多像黑狮子的“白牙”和“鬃毛”，它们组成浩浩荡荡的“呼叫着的狮队”不可阻挡地踏破了平静的海面。这些生动准确、精彩神似的意象选用，将抽象的概念具体化，形象地展现出了台风的威力，构成了很强的画面感和动态感，让人印象深刻，令人回味无穷。

《台风》选用了一些很凶猛的动物、丑恶的事物的意象，营造出恐慌可怕的气氛。

作者用“黑狮”“疯人”和“君主”来形容台风的凶猛和霸气，用“水毡”和“死头颅”来营造混乱不堪、一片死寂的景象，用“狮皮”和“鬼魂”突出隐藏在表象背后的真相，描绘出大风大雨，城市陷入混乱时强烈震撼的外在场景所带给人们的内心感受。作品还采用了拟人的描写，把各种自然物人格化，加上各种比喻展示台风所带来的变化。“所有的树都吸紧了气”“大地吃惊地弯曲”，台风震撼了万物，让整个世界为此“颤动”。在台风的肆虐下，巨大的城市变成了娇小无力的“含羞草”，和天神般的台风形成了鲜明强烈的对比。一切都置于台风的淫威之下，一切都处在被毁灭的危机之中，到处是“狮皮在大洋里浮现”“鬼魂从水的内核里走出来”般惨不忍睹的景象。“君主驾着盛大的狮队，城市飘摇起一只死头颅。”混乱、死亡、苦难，作品是在描写台风的威力，也是在展示生命的真实，让我们联想到了人生的灾难和痛苦。大自然有着深不可测的力量，使人不得不对它叹为观止。

作品以“我”为抒情主人公，展示出“我”的情感变化和感悟。诗歌的首三段都以“我看见”开始，从“我”的眼中展示出台风的袭击所造成的生命的景象、人生的困境。台风像君主般威严凶猛，而无数人赖以为家的城市则如小草一样柔弱，台风给人间带来的恐惧、苦难甚至死亡，似乎没有人力可以抵挡。随着台风的逼近，“南面的海”所翻腾着的浪花就像“黑狮之群”，凶猛、恐怖、令人惧怕。就连“树”“大地”和“日月”都纷纷躲到一旁去。接着“水和天推举出分秒接续的君主”霸气十足，它疯狂地把山“削成泥”，“再削成雨”，天地一片混乱，令“我”敬畏。但是“我”偏偏没有被台风吓到，而是在这样的台风中看到了平日不可能看到的真相。在台风打破了一切现状之时，一些真相“浮现”出来，让我“才能看清万物”。不仅如此，“我”还看清了隐藏在平时伪装中的最可怕的东西，看见“隐藏已久的疯人”，了解了这个社会被破坏的根源。台风的到来改变了现状。于是，“我”决定出门观看，不顾一切地“立刻倾斜着出门”。在暴风雨下，“我”才醒悟到“只有在这风雨满面之时我才看清万物”。“我”兴奋和欢呼，发现了台风的意义和作用。最后“我”突然领悟到，人活着是在等着一个时刻，一种变化，等待一种发现。所以我自豪地宣称：我活着“就是要等待台风，等待不可知的登门”。最终“我”决定“等待台风再起，等待着会见不可能”。

作者将景物环境描写与多感官、多种修辞手法混合使用，营造出极具感染力的气氛和情调，将自然的现象人格化。“我看见南面的海呼叫着”“我看见全天下侧过身雀跃着响应它”，台风“在陡峭的雷电中上下行走”，“大地吃惊地弯曲”，以至于“我的心响翻卷起不安”。作品善于突出典型的场面描写，多种意象的巧妙融合构成了生动的画面，营造了意境，体现出深刻的象征意义，展示出了抒情主人公“我”的情感变化。“我”先是被台风恐吓，感到极度的惊恐，后来看清了台风的真相，不再惧怕台风，大声疾呼积极地迎接台风的到来。通过“我”对台风态度的变化，展示出作品的深刻内涵，人活着，要敢于面对台风一样的袭击，像迎接台风带来的变化一样敢于随时准备迎接人生命运的挑战，而且只有在这样的迎接中，才能看到平时看不到的现象。“活着，就是要等待台风”是一种人生态度，是一个现代人应该具有的胆量和胸襟。

《台风》这首诗语言精炼，形象可感。词语的选用朦胧含蓄，深入阅读才能透彻理解、体验其中的意蕴，如“黑狮”的意象，经反复揣摩，就能体会出其中凶狠可怕的意味。“全天下”“遍地”等词语的选用，突出了强大、无边的威力感，增强了诗歌的表现力。为了凸显台风的威力，作者使用了夸张的手法，如“山被削成泥，再削成雨”。全诗结构严谨，旋律感强，读起来具有一种震撼人心的力量。作者借用对大自然的描写来表现对现代社会人生现象的探讨，具有全新的视野和独到的眼光。

第三章 诗歌赏评样文

第 20 篇

吟唱过去，敬畏传统

吟唱过去，敬畏传统

——赏析蒋三立《老站》的情理表达

蒋三立的《老站》是一首对象描写类的诗歌作品。此类作品，一般是先要针对具有特定意义的物进行细致的描写，然后从细致生动的描写转入对人物内心感受的揭示，抒发诗人的情感，表达作品中蕴含的哲理。这就是“虚实相生”的表现手法。“实”是诗歌作品所描写的、用来诱发情感的实体形象，“虚”是由作者的想象而引出的抽象情思哲理，是作者在描述形象过程中表达出的人生哲理和生命体验，也就是诗歌的言外之意。由实生虚的转化过程，就是诗歌创造出一个深远和隽永的艺术境界的过程，就是营造诗歌意境的过程。《老站》中，诗人选定了废弃的火车站遗迹作为描写对象，并把这个描写对象放置在特定的环境下进行直接描写，在进行客观描写的同时，展开丰富的想象，融入了自己的思考、反省，抒发了浓烈的情感，表达了作品深刻的哲理意蕴。

诗歌一开始，就展开了对“老站”直接的描写。诗人善于使用朴素、简练的语言，开头短短的四句就勾画出一幅形象生动的图画，营造出牵动人心的情绪气氛。

“除了几截没有拆走的铁轨，一切都没有什么痕迹，站台边，几束野芦苇花，白手帕一样在风中摇曳。”

曾经热闹繁忙、吵杂喧嚣、人气旺盛的车站，如今冷落荒凉、寂静凄清、被人遗忘。作者抓住了老站的特点：冷清、荒凉、被人遗弃，对眼前的景物进行了细致的描写刻画。

诗歌抒情写意，必须借助特定的意象来完成，生动鲜明的意象承载着作品的思想和感情。作者选用了残留的“铁轨”的意象，这个意象覆盖着历史的变迁，残破、苍老的身躯凝固着历史的记忆。此外“野芦苇花”“白手帕”等意象的选用也非常出色。这些意象富含鲜明的时代特色和深刻的情感隐喻。“野芦苇花”显示出了秋天、寒冬的季节特点，给人一种温暖繁华逝去的凄凉感；此外，这样的花只开放在人迹罕至、杂草丛生的地方，可见，如今的老站已经远离人们的生活，被社会和人们所遗弃，让观者不能不产生出一种难以割舍的情感。“白手帕”的意象色彩鲜明，包含了鲜明的时代隐喻和情感隐喻。手绢曾经是人们擦拭眼泪的用品，尤其是用来擦拭离人之泪，那种告别时依依不舍的情怀在白手绢的意象中凝结着。使用手绢的时代已经过去了，人与人之间密切的情感关系难道也会随着白手绢的时代一去不返了吗？作者用一些细节的描绘刻画出时代的变迁，给读者难以言传的怀想，传递给人们对历史、对人生、对新与旧的变迁的深沉感慨的情绪。

诗人接着展开了饱含深情的叙述。在第二段，诗人用满怀情感的笔触，采用追忆发问的形式写出了记忆中的细节场面，展露出心底的情怀。想想看，车窗阅尽多少沧桑，车轮走过多少春秋，汽笛召唤过多少甜蜜的祝福，车厢运载了多少团圆的梦想，这些都积淀在诗人的记忆中。眼前现实、客观、冷静的描绘和记忆中汽笛喧闹、温情四溢的场面形成了鲜明的对比。这段出现了几类人物，“外出打工”的“漂亮姑娘”、“老扳道工”和“摇旗的瘦个子青年”，他们都是诗人熟悉和敬重的普通劳动者，显然，作者的关注眼光和描叙的焦点是集中在这些人身上的。从对物的描写转化到对人的关注，诗人把自己的观察与思考集中在了人们的生活状态以及社会变迁的层面上来了。诗人借老站的现状，凸显出了传统人情人性的美好与可贵，在对昔日人们的怀念之中表达对社会人文的关怀。这些劳动者，这些曾经和老站的生存息息相关的人们如今“哪里去了”？“那么多曾经等待和期盼的目光哪里去了”？诗人在此发出了疑问。在这些质疑中，诗人表达出自己对人类在社会的发展过程中所造成的现实社会问题的思考。

诗歌的第三段，诗人对前面的疑问做出了回应，用“我不相信”这样直白的语句直接抒发情感。“衰老”是对老站拟人化的刻画，赋予了老站人的形象，表露出亲切敬重的感情。“飞速开动的火车”是具体的特写，也是抽象的泛写，在这里具有深刻的象征意义：我们置身的社会已经进入了快速发展的时期，不仅仅是火车提速、老站废弃，还有多少传统的生产方式、生活方式已经被打破，多少传统习惯、传统文化和文明正在消失或者已经消失。我们不禁联想，这就是我们最需要的吗？这就是对我们人类发展最有益的吗？

“我”在诗中是一个突出的抒情形象，是一个清醒的观察者，是一个质疑者，是一个思考者，“我”更是一个传统的坚守者。“我”不满地看到人们匆匆忙忙，从过去的脚下不顾一切地奔向未来，亢奋、仓皇中不假思索地扔掉了身边的一切，包括我们传统中最珍贵的人情人性。“我不相信”人类的社会就这样“沉寂”下去。所以“我”充满希望地期待着“震动”人心的时刻的到来。诗人沉重的忧患意识、真挚强烈的情感和深厚的哲理都蕴含在“我不相信”的大声疾呼之中。

《老站》一诗寓意深刻，尚未拆尽的铁轨就像历史的标本横亘在人们的心头，老站风烛残年的晚景象征着我们赖以生存的传统精神文化的衰落，刺痛着人们的神经。这些景象带给读者无穷的思索。时代的列车已经一次次提速，正在飞一样地驰向日新月异的未来，乘坐火车的人们啊，千万不要把旧日积淀在心头的珍贵情感抛在身后。否则，就算是我们匆忙仓皇地赶到了终点，最后也只剩下两手空空，岂不是一无所有？诗歌的语言浅显，但营造出的历史感极为厚重，溢满了我们的心胸。诗人扬起了一阵令人沉思的寒风，风中飘动的白手绢是离别的符号，又岂不是召唤的手势！它时刻在召唤着人们心中积淀的情怀。读者借助这个符号，破译出往昔的一切所传递给人们对历史、对人生、对新与旧的变迁的体验与感受。

附录

附录 1　选文

附录 2　常用古诗词名句

附录 3　常用成语

附录 4　常用熟语

附录 5　常用文学术语

附录 6　常用关联词

附录 7　推荐阅读书目

附录 1　选文

作品 1

苍蝇

周作人

苍蝇不是一件很可爱的东西，但我们在做小孩子的时候都有点喜欢他。我同兄弟常在夏天乘大人们午睡，在院子里弃着香瓜皮瓤的地方捉苍蝇，——苍蝇共有三种，饭苍蝇太小，麻苍蝇有蛆太脏，只有金苍蝇可用。金苍蝇即青蝇，小儿谜中所谓“头戴红缨帽，身穿紫罗袍”者是也。我们把他捉来，摘一片月季花的叶，用月季的刺钉在背上，便见绿叶在桌上蠕蠕而动，东安市场有卖纸制各色小虫者，标题云“苍蝇玩物”，即是同一的用意。我们又把他的背竖穿在细竹丝上，取灯心草一小段，放在脚的中间，他便上下颠倒的舞弄，名曰“戏棍”；又或用白纸条缠在肠上纵使飞去，但见空中一片片的白纸乱飞，很是好看。倘若捉到一个年富力强的苍蝇，用快剪将头切下，他的身子便仍旧飞去。希腊路吉亚诺思 (Loukianos) 的《苍蝇颂》中说：“苍蝇在被切去了头之后，也能生活好些时光，”大约二千年前的小孩已经是这样的玩耍的了。

我们现在受了科学的洗礼，知道苍蝇能够传染病菌，因此对于他们很有一种恶感。三年前卧病在医院时曾作有一首诗，后半云，

“大小一切的苍蝇们，
美和生命的破坏者，
中国人的好朋友的苍蝇们呵，
我诅咒你的全灭，
用了人力以外的，
最黑最黑的魔术的力。”

但是实际上最可恶的还是他的别一种坏癖气，便是喜欢在人家的颜面手脚上乱爬乱舔，古人虽美其名曰“吸美”，在被吸者却是极不愉快的事。希腊有一篇传说，说明这个缘起，颇有趣味。

据说苍蝇本来是一个处女，名叫默亚(Muia)，很是美丽，不过太喜欢说话。她也爱那月神的情人恩迭米盎(Endymion)，当他睡着的时候，她总还是和他讲话或唱歌，使他不能安息，因此月神发怒，把她变成苍蝇。以后她还是纪念着恩迭米盎，不肯叫人家安睡，尤其是喜欢搅扰年青的人。

苍蝇的固执与大胆，引起好些人的赞叹。河美洛思(Homeros)在史诗中常比勇士于苍蝇，他说，虽然你赶他去，他总不肯离开你，一定要叮你一口方才罢休。又有诗人云，那小苍蝇极勇敢地跳在人的肢体上，渴欲饮血，战士却躲避敌人的刀锋，真可羞了。我们侥幸不大遇见渴血的勇士，但勇敢地攻上来舐我们的头的却常常遇到。法勃尔（Fabre）的《昆虫记》里说有一种蝇，乘土蜂负虫入穴之时，下卵于虫内，后来蝇卵先出，把死虫和蜂卵一并吃下去。他说这种蝇的行为好像是一个红巾黑衣的暴客在林中袭击旅人，但是他的慓悍敏捷的确也可佩服，倘使希腊人知道，或者可以拿去形容阿迭修思（Odysseus）一流的狡狯英雄罢。

中国古来对于苍蝇也似乎没有什么反感。《诗经》里说，“营营青蝇，止于樊。岂弟君子，无信谗言。”又云，“非鸡则鸣，苍蝇之声。”据陆农师说，青蝇善乱色，苍蝇善乱声，所以是这样说法。传说里的苍蝇，即使不是特殊良善，总之决不比别的昆虫更为卑恶。在日本的俳谐中则蝇成为普通的诗料，虽然略带湫秽的气色，但很能表出温暖热闹的境界。小林一茶更为奇特，他同圣芳济一样，以一切生物为弟兄朋友，苍蝇当然也是其一。检阅他的俳句选集，咏蝇的诗有二十首之多，今举两首以见一斑。一云，

“笠上的苍蝇，比我更早地飞进去了。”

这诗有题曰《归庵》。又一首云，

“不要打哪，苍蝇搓他的手，搓他的脚呢。”

我读这一句，常常想起自己的诗觉得惭愧，不过我的心情总不能达到那一步，所以也是无法。《埤雅》云，“蝇好交其前足，有绞绳之象，……亦好交其后足，”这个描写正可作前句的注解。又绍兴小儿谜语歌云，“像乌豇豆格乌，像乌豇豆格粗，堂前当中央，坐得拉胡须，”也是指这个现象。（格犹云“的”，坐得即“坐着”之意。）

据路吉亚诺思说，古代有一个女诗人，慧而美，名叫默亚，又有一个名妓也以此为名，所以滑稽诗人有句云，“默亚咬他直达他的心房。”中国人虽然永久与苍蝇同桌吃饭，却没有人拿苍蝇作为名字，以我所知只有一二人被用为诨名而已。

（十三年七月）

作品 2

苍蝇

白墨

我虽然不喜欢苍蝇，然而我却羡慕苍蝇，佩服苍蝇；理由是我愿意有苍蝇的本领而不能。

苍蝇有不可及的厚脸皮，无论对于怎样厌恶它的人或畜类，从来没有一时一刻会因了挫折而灰心丧气：那种驱之不走，打之不去，不到惨死不甘心的追求生活的精神和毅力，恐怕世界上再不容易找到第二类东西！

苍蝇还有随“寓”而安的本领，不论是高楼，不论是厕所，也不论是火热的厨房，也不论是清凉的饮冰室……；苟得其门而入，皆优居之。

苍蝇也有什么都能吃的福气，中餐、西餐、香片、龙井、脓血、大粪……无往而不吃；而吃着又似乎无往而不适口。

苍蝇更有“明哲保身”的长处，它底身上具有一种毒质；除却鸡或鸭子可以拿之当作食品之外，至于人类，虽然喜欢喝血吃肉，但是下饭馆子的，指名要一碟“五香苍蝇”的，尚未曾见。所以在“只须向人家揩油，不须人家向自己借光”的一点上说，生在如今的世道上，苍蝇是有厚望焉的！

能人之不能，苍蝇才真正是万物之灵呢，我岂敢“吹”乎哉？！

作品 3

浅析《九龙湾的星星》

禹慧灵

《九龙湾的星星》是一篇优美的散文。作者王璞写到自己从中国大陆来到香港后在九龙湾大排档的一段经历，抒写了热爱香港的情怀。作者用了多种精彩的描写手法，将自己的情感表达得淋漓尽致，同时也展示了自己对人生价值和意义的思考。

作者写到自己初来香港的时候，人地生疏，又不懂广东话，工作繁忙有压力。在九龙湾的大排档，她可以放松自己，不只可以品味本地美食，更能体验香港平民社会淳朴的人情。作者也讲到了时代的发展和变化，牛腩河价钱和电车费上涨，展示出随着经济发展，人们的消费能力增加，生活水平也会提高，但是更加值得珍惜的，是自然而融洽的人际关系和充满温情和生命活力的普通人的世界。

作者用了精彩的多感官描写手法，叙述自己对大拍档生活的爱。走入大排档，“我”先是听到街市的“喧嚣”，然后又“闻见扑鼻而来的香气”，“看见那些在一盏连一盏的灯光下游动的人流”。到了摊档前，“香气阵阵扑鼻，让人实在抵不住诱惑”。在文章的结尾处，作者又仰望天上的星星，“星星也像地上的行人那样，密密麻麻、热热闹闹”，而颜色也如“串烧炭火的金黄”“炉火的淡蓝”，“美得不同凡响”。这样的描写，使得文中内容更加真切可感，情感表达效果更加显著。读者如临其境，好像尝到了可口的美食，体验到大排档的热闹欢欣。

文章是以倒叙的方式写的。在一开始，作者就写到了牛腩河的价钱和电车车资，把读者带到十多年前。在文中，作者详细描述了早年在九龙湾大排档美好而难忘的经历。在文章的结尾，作者又一次提到牛腩河价钱和电车的花费。在文章的首尾，作者都特意讲到，她已经不知道牛腩河和电车现在是“什么价”，也不知道九龙湾的星星是否“还是那样色彩烂漫”。这种首尾呼应的结构手法，更加凸显了文章的主题。在文章中，有两条线索并行：在报社上班的“我”，和在大排档进食的“我”。上班时的“我”非常繁忙，“太闭塞太紧张太严肃”，在大排档的“我”却轻松愉快，那里的环境给“我”“一种莫名的感动”。虽然在报社有廉价晚餐，“但我还是不时舍弃这份优厚待遇，去光顾天桥下面的大排档。”这样的对比，展示出作者对大排档生活难以割舍的爱。

“步移法”在文章中也得到很好的使用。在文章的主要部分，作者写了自己离开报馆，走入街市，享受美食人情的一段经历。这个经历好像是一次完成的，又好像是多次经历的迭加，是精彩瞬间的汇集。临近大排档的时候，“我”先有感官感受，听到人声，嗅到美食；走入大排档，“我”“不知不觉放缓老是匆匆的脚步，向着两边的摊贩左顾右盼”，开始观察大排档的细节。而店铺“密密麻麻”，被“夹道欢迎”的感觉，就呈现出来了。随着作者的脚步，“一家家大排档的招牌”出现在眼前：“粉面店、茶餐厅、鱼蛋王、面包多士、海鲜火锅……”。而到了最后，“这一天最后一道程序”是点餐牛腩河。步移法的描写，也体现了作者由浅入深的感受和经历。在开始的时候，她只是有简单的感官感受，到了摊档前，她观察到“他们说着笑着，不时交换一个会心的眼神”。后来，她自己也感受到“热腾腾的蒸气牵扯出的何只是食欲，它还牵扯起且在心头萦绕不去的是那种家的感觉”，“于是我就不知不觉停下了脚步”，开始享受美食。这个完整的经历，不只使得读者也能置身其中，更能由浅入深，从感官感受开始，进入对人情的品味和对生活的感悟。

文章叙议结合，在讲述个人经历的同时，加入心理活动，展现情感和人生体悟。看到街市的繁华，作者就联想到闭塞而严肃的工作场所，这里的“欢悦的喧嚣，就令人觉得心情为之一松”。作者还会联想到以前读过的书《流动的飨宴》，但又说那些书中的故事太“高雅”，和她眼前的“底层街市”毫无关系。站在摊档中间，作者又联想到受到夹道欢迎的“国家元首、凯旋英雄”，而眼前的平民街市，每个人都在做自己的事，没有华丽和隆重的场景，不需要装出“勉为其难的微笑”，只有自然、朴实和舒适的平民日常生活。这个跨越时空的联想形成了对比，更显示出作者对平民生活的爱。

作者善于用简单的细节来展示深刻的人生意蕴。“广东话”是文中的一个明显的线索。开始时，因为不会说广东话，看到别人能用广东话亲切交谈，“我”总是有“过客”的感觉，有一些“懊丧”；听不懂店主用广东话提出的问题，“我”非常“惊疑”，感到自卑和失望。但是，旁边的陌生人“自动充当翻译”，又让我消除了异乡人的感觉，和当地人“也可以算是朋友了”。文章的点睛之处是作者自己得出的结论：“牛腩河是我学会的第一个广东词，就是在这条友好快乐的小街上。”这个小小的细节，把作者的情感经历提到了高潮。陌生的语言没有成为障碍，反而成了我和当地人交流、体验美好人生的起点。淳朴善良的香港平民百姓，是最有温情的善良的一群。有了他们的友善和包容，生活才变得如此丰富而有意义。文章的主题由此凸显。

作者用了许多精彩的修辞手法，增加了文章的魅力。在文中，作者描写了报社会提供便宜的晚餐，但我不惜“舍弃这份优厚待遇”带来的“惊喜”，去吃大排档的食品。“优厚的待遇”和“惊喜”本来是人人向往的，但“我”却宁愿放弃。作者用讲反语的手法，表现出她心目中最好的，不是公司提供的一点恩惠，不是那些“优厚的待遇”和“惊喜”，而是生气盎然的大排档生活。“喧嚣”本来是个有些负面的词，但是在这里却成了充满活力的代名词，有了正面的意义。作者善于用精巧的词语描绘细节，让读者领会其中的意味。大排档是在“无盖天桥”下，在“小街”之中，这样的环境是非常简陋的，但就是在这样的环境之中，才有“我”最心爱的香港平民生活。作者善于使用成语，形象地描绘当时的情境，表达自己的观点。“我”认为高雅的生活和“我”钟爱的底层街市“风马牛不相及”，在街市摊档中，“我”总是忍不住“左顾右盼”，就是很好的事例。

文章语言含蓄，用简练的词句写出丰富而多层次的含义。来到街市时，我“就会不知不觉放缓老是匆匆的脚步”。“老是匆匆的”几个字，让读者间接地感受到“我”平时生活的紧张和压力，而“不知不觉放缓”，表现出大排档生活神奇的吸引力，和大都市紧张的生活形成对比。用“夹道欢迎”这样拟人化的描写，作者又写出了在受到礼遇之后的惊喜，和她对街市百姓友爱包容的感恩之情。

文章最精美的描写在倒数第二段中。作者用了比喻的手法，把天上的星星比作小街上的人流。但是作者又没有多费口舌去说明比喻带出的思想意义，只是指出人间街市和天上星空的相似之处，点明炭火的金黄、炉火的淡蓝和多彩的星空的如何相应，让读者自己去想象和思考，体会其中的含义。这种含蓄的手法，意蕴无穷。而文章的题目“九龙湾的星星”也是从这个意蕴深远的比喻而来。在结尾的时候，作者的设问句发人深省：“星星呢？还是那样色彩烂漫吗？”表面上是在说天上的星星，其实却暗含着深刻的思考：时代发展、生活方式的变化给人们带来方便和富足，但也可能会使人们失去更为可贵的人间温情。

怀念旧日的时光，是文学作品中常见的主题。旧时代往往会留下一些有价值的东西。在生活条件越来越好、物质享受越来越丰富的今天，作者用“九龙湾的星星”为题，怀念过去，写了一篇既感动人心又发人深省的好文章。

附录 2　常用古诗词名句

诗词名句	出处
1. 文章本天成，妙手偶得之。	宋·陆游《文章》
2. 文章合为时而著，歌诗合为事而作。	唐·白居易《与元九书》
3. 文章千古事，得失寸心知。	唐·杜甫《偶题》
4. 文犹质也，质犹文也。	《论语·颜渊》
5. 世事洞明皆学问，人情练达即文章。	清·曹雪芹《红楼梦》
6. 山重水复疑无路，柳暗花明又一村。	宋·陆游《游山西村》
7. 仁者见之谓之仁，智者见之谓之智。	《周易·系辞上》
8. 是不为也，非不能也。	《孟子·梁惠王上》
9. 文章憎命达，魑魅喜人过。	唐·杜甫《天末怀李白》
10. 为情者要约而写真，为文者淫丽而烦滥。	南朝梁·刘勰《文心雕龙》
11. 为人性僻耽佳句，语不惊人死不休。	唐·杜甫《江上值水如海势聊短述》
12. 嬉笑怒骂，皆成文章。	宋·黄庭坚《东坡先生真赞》
13. 学者先要会疑。	宋·程颐
14. 言之无文，行而不远。	《左传·襄公二十五年》
15. 一语天然万古新，豪华落尽见真淳。	金·元好问《论诗三十首》
16. 转轴拨弦三两声，未成曲调先有情。	唐·白居易《琵琶行》

附录 3　常用成语

成语	释义
1. 不落窠臼	指文章或艺术等有独创风格，不落旧套。
2. 不胫而走	胫，小腿。比喻消息传得很快。
3. 不刊之论	刊，削除。比喻不能改动或不可磨灭的言论。
4. 出神入化	形容技艺达到了绝妙的境地。
5. 俯拾皆是	只要弯下身子来捡，到处都是。形容很多。
6. 林林总总	形容品种繁多。
7. 如数家珍	像数自己家里的珍宝一样。比喻对所讲的事情十分熟悉。
8. 微言大义	精微的语言和深奥的道理。
9. 蔚为大观	丰富多彩，成为盛大的景象。
10. 振聋发聩	聩，耳聋。比喻用语言文字唤醒糊涂麻木的人，使人们清醒过来。
11. 侃侃而谈	形容说话理直气壮，从容不迫。
12. 溢美之词	过分赞美的言词。常误用于褒义场合。
13. 身临其境	亲自来到某种境地，体验感受。
14. 忍俊不禁	忍不住笑。
15. 绘声绘色	形容描写生动逼真。
16. 含英咀华	把花朵含在嘴里慢慢咀嚼。比喻欣赏、领会诗文的精华。
17. 有口皆碑	比喻人人称赞。
18. 目不暇接	东西太多，眼睛看不过来。
19. 鞭辟入里	鞭辟，鞭策，激励；里，最里层。多用于形容言辞或文章的道理很深刻、透彻。
20. 别出机杼	机杼，织布机，这里比喻作文的命意构思。比喻写作不因袭前人，开辟新路。
21. 大相径庭	径庭，相差很大。形容彼此相去很远。
22. 开宗明义	宗，旨，指文章的主题，行动的目的等。指说话写文章一开始就把主要意思点明。
23. 脍炙人口	脍，细切的肉；炙，烤肉。比喻人人赞美和传诵。
24. 淋漓尽致	形容文章或谈话详尽透彻。
25. 洋洋洒洒	形容说话或写文章才思充沛，连绵不断。
26. 平铺直叙	形容说话或写文章平平淡淡，没有起伏，重点不突出。

附录 4　常用熟语

熟语	释义
1. 不可同日而语	不能放在同一时间谈论。形容不能相提并论，不能相比。
2. 差之毫厘，谬以千里	开始时虽然相差很微小，结果会造成很大的错误。
3. 掉书袋	掉，摆动，摇动。指说话或写文章好引用古书言词来卖弄自己的学识渊博。
4. 读书百遍，其义自见	见，显现。读书上百遍，书意自然领会。指书要熟读才能真正领会。
5. 二者不可得兼	两项之中只能得其一，不能兼而有之。
6. 反其道而行之	其，他的；道，方法，办法。采取同对方相反的办法行事。
7. 放长线钓大鱼	比喻做事从长远打算，虽然不能立刻收效，但将来能得到更大的好处。
8. 风马牛不相及	比喻事物彼此毫不相干。
9. 割鸡焉用牛刀	杀只鸡何必用宰牛的刀。比喻办小事情用不着花大气力。
10. 更上一层楼	原意是要想看得更远，就要登得更高。后比喻使已取得的成绩再提高一步。
11. 攻其一点，不及其余	对于人或事不从全面看，只是抓住一点就攻击。多指有偏见的批评。
12. 何乐而不为	有什么不乐于去做的呢？表示愿意去做。
13. 化腐朽为神奇	神奇，神妙奇特的东西。变坏为好，变死板为灵巧，变无用为有用。
14. 精诚所至，金石为开	人的诚心所到，能感动天地，使金石为之开裂。比喻只要专心诚意去做，什么疑难问题都能解决。
15. 柳暗花明又一村	原形容前村的美好春光，后借喻突然出现新的好形势。
16. 可望而不可及	只可仰望而不可接近。形容看起来可以实现而实际难以实现。
17. 里程碑	路旁标志里数的碑。比喻在历史进程中可作为标志的重大事件。
18. 庐山真面目	比喻事物的真相或人的本来面目。
19. 牵一发而动全身	比喻动极小的部分就会影响全局。
20. 如闻其声，如见其人	像听到他的声音，像见到他本人一样。形容对人物的刻画和描写非常生动逼真。

熟语	释义
21. 神龙见首不见尾	原是谈诗的神韵，后比喻人的行踪诡秘，刚一露面又不见了。也比喻言辞闪烁，使人捉摸不透。
22. 无巧不成书	比喻事情十分凑巧。
23. 嬉笑怒骂，皆成文章	指不拘题材形式，任意发挥，皆成妙文。
24. 言之无文，行而不远	文章没有文采，就不能流传很远。
25. 只可意会，不可言传	只能用心去揣摩体会，没法用话具体地表达出来。指道理奥妙，难以说明。有时也指情况微妙，不便说明。

附录 5　常用文学术语

文学术语	释义参考
1. 人物设置	参看《IBDP 中文 A 课程文学术语手册》第 258 页。
2. 小说场景	参看《IBDP 中文 A 课程文学术语手册》第 236 页。
3. 细节描写	参看《IBDP 中文 A 课程文学术语手册》第 228 页。
4. 后设小说	参看《IBDP 中文 A 课程文学术语手册》第 280 页。
5. 畸联	参看《IBDP 中文 A 课程文学术语手册》第 43 页。
6. 超常搭配	参看《IBDP 中文 A 课程文学术语手册》第 60 页。
7. 伏笔	参看《IBDP 中文 A 课程文学术语手册》第 240 页。
8. 悬念	参看《IBDP 中文 A 课程文学术语手册》第 251 页。
9. 意象	参看《IBDP 中文 A 课程文学术语手册》第 6 页。
10. 象征	参看《IBDP 中文 A 课程文学术语手册》第 47 页。
11. 夸张	参看《IBDP 中文 A 课程文学术语手册》第 52 页。
12. 叙述者	参看《IBDP 中文 A 课程文学术语手册》第 190 页。
13. 叙事视点	参看《IBDP 中文 A 课程文学术语手册》第 195 页。
14. 反衬	参看《IBDP 中文 A 课程文学术语手册》第 109 页。
15. 寓言小说	参看《IBDP 中文 A 课程文学术语手册》第 288 页。
16. 衬托	参看《IBDP 中文 A 课程文学术语手册》第 109 页。
17. 渲染	参看《IBDP 中文 A 课程文学术语手册》第 113 页。
18. 托物言志	参看《IBDP 中文 A 课程文学术语手册》第 117 页。
19. 铺垫	参看《IBDP 中文 A 课程文学术语手册》第 243 页。

附录 6　常用关联词

复句，也叫关联句。写作中常常用两个或两个以上有密切联系的句子组合在一起，表达较为复杂的意思，这样的句子就是复句。构成复句的简单句叫分句，分句与分句之间要用逗号或分号隔开。

复句中，要使用关联词将分句连起来。常见的关联词有九种：

1. 并列关系

并列复句：句子中几个分句之间的关联是平等并列的、没有主次之分，各个分句分别说明几种相关的状况，或表示一件事的几个方面。

表示并列关系的关联词有：既……也（又）……；又……又……；一方面……另一方面……；一边……一边……；不是……而是……；是……不是……；有的……有的……；有时候……有时候……；那么……那么……；一会儿……一会儿；还；也；同样；同时

注意，并列关联词中没有“和”，不要用“和”连接两个句子。

附录6

2. 递进关系

递进复句：后一分句的意思比前一分句的意思更进一层。

表示递进关系的关联词有：不但……而且；不仅……还；……甚至……；不光……还……；不但……还……；不光……也……；不仅仅……还……；并且……；更……；不仅仅……而且……还……；连……也……；何况……

3. 选择关系

选择复句：几个分句分别说出几件事情，需要从中选取一件。

表示选择关系的关联词有：是……还是……；不是……就是……；要么……要么……；或者……或者……；与其……不如……；宁可……也不……；或是……或是……

4. 转折关系

转折复句：前一个分句说了一个意思，后一个分句不是顺着前一个分句的意思说下来，而是作了一个转折，和前一个分句完全相反或相对。

表示转折关系的关联词有：虽然……但是；尽管……还是；……却……；……可是……；……然而……；尽管……但是……；不过……；只是……

5. 假设关系

假设复句：句子前一部分提出一种假设状况，后一部分是假设的状况实现后要产生的结果。

表示假设关系的关联词有：即使……也；哪怕……也；要是……就；假如……就；如果……就……；假使……便……；要是……那么……；倘若……就……；如果……；纵使……；那么……；则……；还……；就……；……的话……；再……也……

6. 条件关系

条件复句：句子前面提出条件，后面说明在这种条件下会产生的结果。

表示条件关系的关联词有：只有……才；只要……就；无论……都；不管……总；不管……也……；除非……否则……

7. 因果关系

因果复句：句子前一部分表示原因 / 结果，后一部分表示结果 / 原因。

表示因果关系的关联词有：因为……所以……；既然……就；……因此……；之所以……是因为……；由于……因此……；既然……那么……；以至于……

8. 承接关系

承接复句：句与句之间表示几个连续的动作或先后发生的几种状况，它们前后承接，不能颠倒。

表示承接关系的关联词有：一……就……；起先……后面……；先……再……最后……；于是……；刚……就……；才……；起先……后来……；……然后……

9. 目的关系

目的复句：句子之间表示为达到某种结果而做出的行动。

表示目的关系的关联词有：为了……；以便……；免得……；以免……

附录 7　推荐阅读书目

1. 伊塔洛 · 卡尔维诺：《为什么读经典》，时报文化社企业股份有限公司，台北，2005 年。
2. 金匀：《散文经典》，天地图书有限公司，香港，1995 年。
3. 蓝棣之：《现代诗名著名篇解读》，人民文学出版社，北京，2007 年。
4. 刘树元：《中国现当代诗歌赏析》，浙江大学出版社，2005 年。
5. 璧华：《中国现代抒情诗一百首》，天地图书有限公司，香港，1987 年。
6. 董宁：《国际文凭大学预科项目中文 A 文学课程指导》上册（第二版）（简体版），三联书店，香港，2017 年。
7. 董宁：《IBDP 中文 A 课程文学术语手册》（简体版），三联书店，香港，2016 年。
8. 董宁：《IBDP 中文 A 文学专题研究论文写作指导》（第二版）（简体版），三联书店，香港，2018 年。

后记

阅读是一件快乐的事情。你注视过吗？不论是一个幼小的孩子，还是一个古稀的老人，当他们在阅读自己喜欢的作品时，都会流露出一种旁若无人的专注、一种思接千载的自在，这就证明了：阅读乐趣无穷！它是任何人、任何时间、任何地点都可以享受到的人间快事！

我常常看到一些非常调皮多动的学生，一旦沉浸在阅读之中，他们的神情就变得格外的庄重严肃，那时那刻他们是最安静、可爱的人。

广泛阅读、不求甚解是一种快乐，深入探讨、有所发现更是一种快乐。有的人以为阅读只是一种被动的行为，其实不然。面对作者给我们用文字构造出的一个全新的世界，你必须勇敢地走进去，你必须专注认真地探索，你必须运用你的观察力、你的联想和想象的能力，才能有所获得。这是一项艰难而复杂的工作，不积极主动、不勤奋勇敢的人是做不好的。弗吉尼亚·伍尔芙说过，“……名副其实的读书就是要具备最珍贵的想象力、洞察力和评判力”（《读书之道》），这些能力在读书的过程中也可以得到培养和提高。

用欣赏的眼光来阅读，了解其中的规则，看出其中的奥妙，发现其中的精彩，感受其中的趣味。好的阅读就好像在和作者交谈，读者不断地被文字感染、打动，也不断地被文字激发出埋在心底的感受，激活一些潜伏在意识深处的想法。我们都有过这些难忘的瞬间，在阅读的时候突然被一些作品的某一方面所吸引，萌发出激情、冲动、想法，但是时间一长，时过境迁，那种强烈的感受就会淡忘。如果在那时能够用文字把它们记录下来，一方面有助于记忆，同时又能促进更深入的思考，增强理解，有所收获。所以有人说过，了解一本书最好的方法不是阅读，而是写作。

有的同学问：我们为什么要学习作品评论、写作评论文章呢？我只是一个中学生，我的任务是学习作品，怎么能给作家提意见呢？

其实，对于一个中学生来说，学习文学作品评论课程最主要的目的是通过对优秀文学作品的阅读、分析和评论来促使自己更加准确深入地理解作品，更好地赏析作品的内容特点和艺术形式的成就，从而提高我们阅读理解的水平和文学赏析的能力。如果你读过一些优秀的文学作品评论文章的话，你就会发现，有的评论文章能澄清许多未被人们注意的史实细节，有的能发掘出作品中蕴藏的独特之处，有的能联系到现实的社会和人生，有的能对作者所使用的艺术技巧展开深入中肯的分析，因此给读者以深刻的启发和广泛的教益。毫无疑问，学习文学作品评论有助于我们深入理解作品的内容及其形式特色。文学评论的写作，能促进我们发现作品中引人入胜的地方，领会作品精彩与有趣的地方，能提高我们运用语言文字的能力，让我们把作品最精彩的内容解读出来，剖析出来。

还有，作为读者，我们为什么就不可以对作品的不足之处提出自己的看法呢？严格地说，我们不是给作者提意见，我们是以文本为对象表达自己在阅读时的感受，阐述自己对该作品从内容到艺术形式上的认识和评价。为了达到这个目的，我们的阅读必然更深入认真，文学感受力、欣赏力和书面写作能力必须相应提高，这正是我们课程的目的。

另外，读者的阅读评论对作品来讲是非常有价值的贡献。没有被阅读和评价的作品，实际上只能算是没有完成的作品。弗吉尼亚·伍尔芙在《读书之道》中写道："我们必须始终都是读者，我们不必戴上只属于被称为批评家的少数人才能戴上的桂冠。但作为读者，我们依然有自己的责任和重要地位。我们提出的标准和做出的评判，潜移默化地成为作家进行创作时吸入气体的一部分。即使没有出版，它们也会对他们产生影响。如果这种影响给予正确引导，有活力、有个性、有诚意，就会非常有价值……如果通过我们读者，书籍变得更有力量，更丰富，更多样，这个目标值得我们为之一搏。"

可见阅读和写作评论是有百利而无一害呀！

能写出好的评论文章需要有充分的准备，首先要具有一些基本的知识，如果把看一本文学作品比作看一场舞蹈表演和乒乓球比赛，就很容易明白这个道理。我们必须要明白一些基本的规则，了解一些程序、术语、概念。欣赏文学作品就要明白一些文体的概念知识，不懂得象征、意韵、内涵、意象等概念如何能很好地欣赏诗歌？不懂得韵律等词汇，也就无法向别人介绍这个作品的特点。明白了这样的规则、学会使用特定的语言，掌握了一些技巧和方法，你就能在赏析的时候发现和领悟到别人所没有发现、不能领悟的东西。这里面有许多值得我们推敲的学问。

对文学作品的赏析评论不是给作品下结论，每一个欣赏者都可以提出各自的看法和见解，并没有一个标准的答案，评论者完全可以仁者见仁、智者见智。重要的是，评论者的每一种见解都必须以作品的实际为依据，必须对作品有深入准确的理解，有具体的例子来证明才有说服力。尊重作品本身、严肃对待文学评论的实践活动，是我们每一个学习者必须具备的态度。

阅读一篇好的作品，令我们激动的方面有很多，有时候受到启发就会文思泉涌。但是必须要从中选择一个突破口，确立一个重点，找到一条线索，才能写出一篇好的文章。有些文章你要谈的是整体的感受，有些文章你写的只是侧重作品的一个方面，文章有大有小，但是都要中心突出，目的明确，有的放矢。

IB 课程没有固定的课本，提倡的就是学科教学的广泛与前瞻性，文学课和其他的学科一样，也是不断变化发展的。作为学生，我们要勇敢接受新型的作品形式、新的文学理念，开阔视野，正确对待新的文学实验，认真学习不同类型的作品。作为读者，我们必须具有敢于探索的精神，才能真正地欣赏作者的创新与奉献。

当我们把阅读与写作结合起来的时候，我们对作品的分析就会更加周全，我们对作品的理解就会更加深入。这时候你就会发现，你不仅仅被作品动人的故事所打动，你不仅得到了作品提供给你的相关知识，你还在发现、在思考和反省，你发现了周围世界的广大与深远，你思考着日常生活所蕴含的深刻意义，你反省了客观存在的现象的合理与否……任何一个渺小的人在感受到这一切的时候都会觉得自己空前的强大，任何一个贫乏的人在这样的时候都会觉得自己空前的富有。当你把自己的想法见解用文字表达出来的时候，你会觉得非常满足和快乐。这是阅读的快乐，也是写作的快乐。

尽情体验吧，阅读和写作的双重快乐！

董宁

2018 年 4 月于香港

视觉形象设计　靳刘高创意策略
责任编辑　郭　杨
书籍设计　任媛媛
排　　版　陈先英

书　　名　**IBDP 中文 A 文学课程短篇评论写作 30 课**（下册：赏评篇）（简体版）
IBDP Chinese A Literature Course Commentary Writing Skills and Practice (II)
编　　著　董宁
出　　版　三联书店（香港）有限公司
香港北角英皇道 499 号北角工业大厦 20 楼
Joint Publishing (H.K.) Co., Ltd.
20/F., North Point Industrial Building, 499 King's Road, North Point, Hong Kong
香港发行　香港联合书刊物流有限公司
香港新界荃湾德士古道 220-248 号 16 楼
印　　刷　美雅印刷制本有限公司
香港九龙观塘荣业街 6 号 4 楼 A 室
版　　次　2018 年 8 月香港第一版第一次印刷
2021 年 9 月香港第一版第三次印刷
规　　格　大 16 开（215×278mm）96 面
国际书号　ISBN 978-962-04-4335-0

Published & Printed in Hong Kong